Paris

Alix, Roland

Vers une nouvelle Lorraine

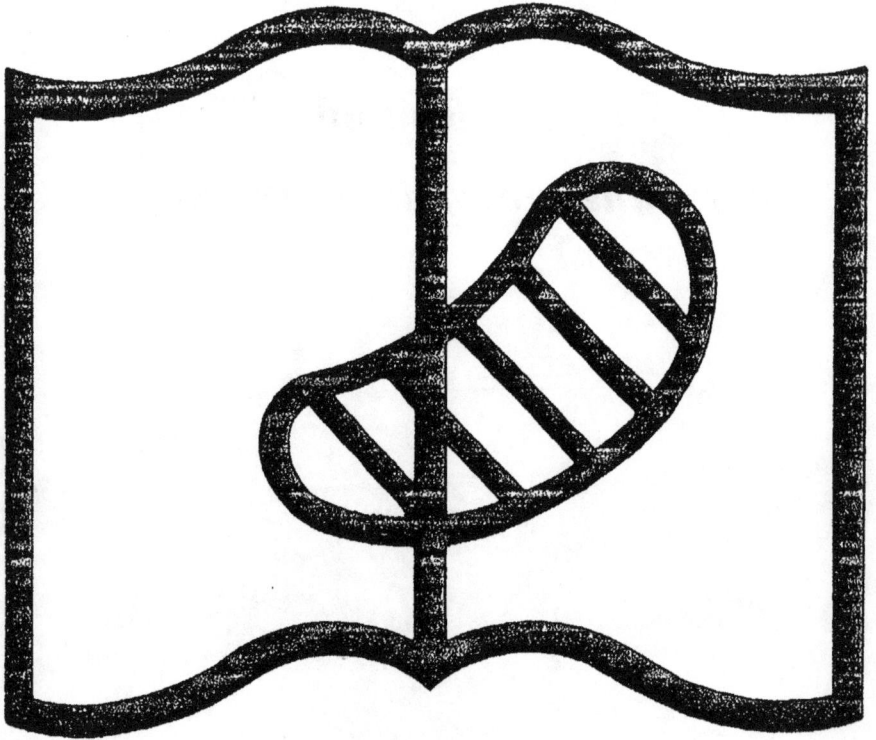

Symbole applicable
pour tout, ou partie
des documents microfilmés

Original illisible

NF Z 43-120-10

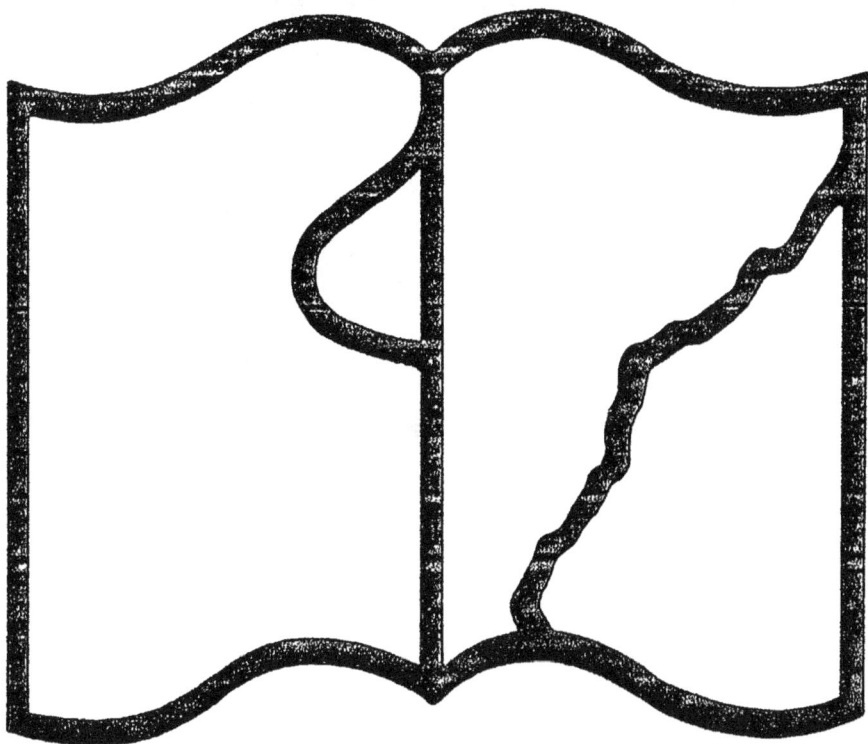

Symbole applicable
pour tout, ou partie
des documents microfilmés

Texte détérioré — reliure défectueuse

NF Z 43-120-11

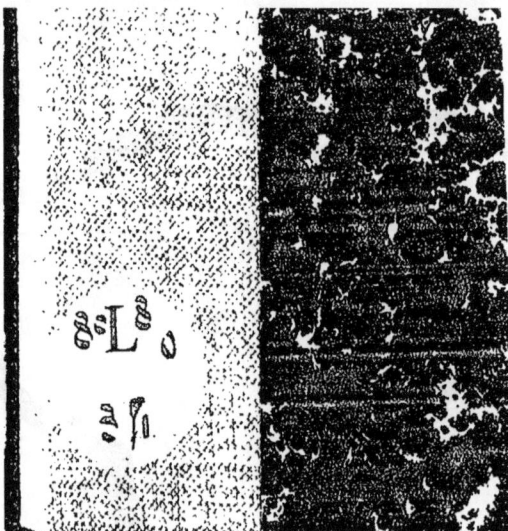

NOBLET 1967

VERS UNE NOUVELLE LORRAINE

par Roland ALIX

Editions MÉDICIS
63 bis, rue du Cardinal Lemoine
PARIS (V')

I

VERS UNE
NOUVELLE
LORRAINE

VERS UNE NOUVELLE LORRAINE

par Roland ALIX

Editions MÉDICIS
63 bis, rue du Cardinal Lemoine
PARIS (V')

```
┌──────────────────────────────────┐
│  SEMPER FORTIOR RENASCOR          │
└──────────────────────────────────┘
```

A la mémoire de

THIERRY ALIX
sieur de VÉRONCOURT
et de FORCELLE SAINT-GORGON

« président de Lorraine » (1)
président de la Chambre des Comptes

auteur du
« Discours sur la souveraineté du duché de Lorraine »
et de la première carte de la Lorraine

créateur du
« Cartulaire de Lorraine »

1530-1594


```
┌──────────────────────────────────┐
│  ET ADHUC SPES DURAT AVORUM       │
└──────────────────────────────────┘
```


(1) Tel est le titre qui lui fut donné familièrement lorsqu'il devint
président de la Cour Souveraine de Lorraine.

Il faut souhaiter qu'une partie de l'intelligence française relève la formule de Barrès, la maxime qu'il prête à Jaurès : courir se placer au centre de l'Europe. Sauf en ceci, qu'il suffit d'y aller, qu'il n'y faut pas courir.

Albert Thibaudet. Les Princes lorrains. p. 206.

L A Lorraine est-elle au centre de l'Europe occidentale ?

Il semble que cela devrait se voir sur une carte.

Et pourtant, la Lorraine d'aujourd'hui n'est sûrement pas un pays du centre européen. Rien ne prouve encore qu'elle puisse gagner demain sa place naturelle au centre de l'Europe, qu'elle puisse devenir sinon le centre, du moins partie du centre de l'Europe.

En 1966, deux siècles après la réunion de la Lorraine et de la France, un problème se pose aux Lorrains, aux Français et aux Européens : la Lorraine accomplira-t-elle pleinement le destin que sa situation géographique et ses richesses propres auraient dû lui assurer depuis mille ans ?

« Il y a dans ma race, écrivait Barrès dans *Un homme libre*, non pas l'esprit d'attaque, la témérité trop souvent mêlée de vanité, mais la fermeté réfléchie, persévérante et opportune. Faire en temps voulu ce qui est convenable. »

Si cela est vrai, le temps est venu de vouloir faire ce qui convient à la Lorraine, ou pour employer une formule ramassée, de faire la Lorraine.

Nous venons de fêter le deuxième centenaire de la « réunion » qui a fait de la Lorraine un pays légalement français. Le mot de réunion semble bien préférable à celui de rattachement et à plus forte raison meilleur que l'annexion. Il faut se souvenir d'un passé carolingien : alors

9

la Lorraine et la France ne faisaient qu'un, ce qui est redevenu officiel en 1766.

Aujourd'hui, à une époque où le régionalisme ne met pas en cause l'unité mais réveille l'idée de fédération, le problème lorrain — entre autres — ne saurait être résolu par des défilés historiques et militaires.

La Lorraine souffre d'une crise très grave, moins grave en 1966 qu'elle ne risque de l'être dans quelques années. On pourrait se lamenter. Il est plus lorrain de chercher avec courage la voie du salut.

ES pays sont la somme de leur passé, de leur histoire. Mais un total d'expériences n'est pas une seconde nature. On ne prend pas l'habitude de la défaite ou du sacrifice. Malgré les destructions et les deuils, la Lorraine n'est pas fatalement condamnée à ne jamais se réaliser.

L'histoire de la Lorraine est une longue suite de brisures. Collectionnant les désastres, les invasions, les famines, les Lorrains ont malgré tout survécu. Ils ont accumulé les déceptions, ils ont laissé la crainte pousser chez eux comme chiendent. La destruction presque permanente, bras dessus bras dessous avec la mort, se promenait du Pays Haut à la Vôge non point comme en pays conquis mais dans son lieu d'élection.

Les Lorrains ont survécu. Le malheur de dix siècles les a forgés. A travers cent guerres, non seulement ils n'ont pas disparu, mais ils sont restés solides et peut-être forts. A l'horizon lorrain, au-dessus des « graves villages séculaires » dont Barrès comprenait la poésie austère, se profilent encore les vrais dieux de la race, Courage, Vouloir, « qui sont des personnes immortelles », du moins en Lorraine.

Le culte qui leur est dédié n'est pas une liturgie de cantilènes. Ces dieux-là sont honorés tous les jours, sans mots creux : religion de pic, de truelle, de houe. Tels sont les enseignements de la Terre et des Morts, telle est l'odeur de cette vieille terre avare si souvent retournée par les boulets ou les obus, tel est le rythme des morts, combattants et laboureurs, soldats et mineurs. Le culte des ancêtres en Lorraine est sans doute une sorte de renaissance : on se retrouve en eux, ils se retrouvent chez les Lorrains vivants. Courage et vouloir, vertus essentielles de cette race composite, sont dans le sang.

Vienne le temps où cesserait la misère et ces vertus produiraient enfin leur fruit. Les cimetières, les fortifications, les garnisons et les champs de bataille ne sont pas une spécialité fatale. Les morts peut-être avaient fini par le croire. Mais quand même, ils ont cultivé, ils ont récolté. Et surtout, dans ce malheur qui tissait leur vie, de génération en génération, ils sculptaient le caractère lorrain.

La nation lorraine est une idée. Les Lorrains se sont

11

forgé une idée de la Lorraine, leur patrie, comme tous les Français se sont modelé une idée de notre France. Mais à une autre échelle... La France est un tout, un grand tout. La Lorraine a été si longtemps un bout, un morceau, une frange. Elle a pourtant une personnalité, une réalité très distincte et très vigoureuse.

Un pays peut devenir une synthèse de qualités, de caractères spécifiques. Un pays peut devenir comme une personne idéale. C'est ainsi, n'est-ce pas, que les Français pensent la France et c'est ainsi que les Lorrains voient la Lorraine. Mais les Lorrains ont espéré la Lorraine plutôt qu'ils ne l'ont possédée. Les sursauts et les revanches, ce n'étaient jamais que des espérances.

Et maintenant sommes-nous arrivés au « moment lorrain » ? La Lorraine est-elle à l'heure de l'orientation décisive et des réalisations ? Si elle détient vraiment le capital moral et matériel dont elle a besoin pour devenir elle-même, elle est sans aucun doute à un tournant de son chemin. La voie lorraine pendant trop de siècles ne passait que par les rivalités étrangères d'empires et de coalitions.

La Lorraine a vécu moins pour elle-même qu'au service de la France. Elle doit maintenant découvrir le moyen de devenir la Lorraine. Nation ilote, elle n'a eu jusqu'ici qu'un rôle secondaire, pas même le rôle d'un auxiliaire reconnu. Au début du troisième tiers du XXe siècle, il s'agit de savoir si la Lorraine, qui pour être française n'en est pas moins lorraine, pourra remplir sa mission et même, plus simplement, si elle pourra vivre.

Que la Lorraine soit française, ce n'est sûrement pas l'objet du débat. Personne ne songe à discuter le caractère français d'un peuple qui a gagné ses titres d'assez de sang, d'assez de sacrifices. Au surplus, le Lorrain, qu'il soit de langue française ou de langue allemande, pense naturellement français. Il ne faut pas, sur son appartenance à l'ensemble français, lui chercher une mauvaise querelle.

Quand nous disons que la Lorraine doit remplir sa mission, nous posons le problème de l'expansion lorraine au sein de l'expansion française, c'est évident, mais aussi au sein de l'expansion européenne. Une Lorraine prospère fortifie la France. Surtout si elle lui ouvre des possibilités européennes.

La Lorraine est en effet le « couarail » de l'Europe, le carrefour de l'Est et de l'Ouest, du Nord et du Midi, la cour commune à tous les locataires de l'Europe, qu'ils soient de Flandre, de Paris, de Bourgogne, d'Allemagne, de Suisse, d'Italie ou d'ailleurs. La Lorraine, jadis terre de passage pour les armées, est en temps de paix une plaque tournante, un lieu de rencontre. Elle peut devenir une aire de marché économique, une corbeille où brasser les échanges, le lieu d'élection d'une géométrie européenne.

Croisée de chemins d'eau, croisée des chemins de terre, riche de ses propres richesses, riche des apports d'autrui, la Lorraine est dans une position unique : elle a des portes ouvertes sur les points cardinaux, elle participe de tous les pays de l'Europe occidentale. Elle n'a pas de frontière. Pénétrée de toutes parts et pénétrante en tous points, la Lorraine est faite à l'image d'une mer intérieure qui borde des rivages qu'elle unit : Méditerranée gallico-germanique, Méditerranée des industries européennes, la Lorraine peut avoir un rôle rassembleur.

C'est à un tel destin, devenir le centre agissant de l'Europe occidentale, qu'on doit préparer et appeler la Lorraine.

Mais ce rôle d'intermédiaire n'est en vérité qu'un aspect du problème lorrain. La Lorraine n'est pas seulement un carrefour, elle doit être surtout une grande région productrice. Elle ne peut unir entre elles des régions riches que si elle-même est une région riche.

Or, par une sorte de paradoxe, la Lorraine est actuellement au bord de la décadence. Les grandes industries traditionnelles sont en récession. Le bilan économique de 1965 traduit un net recul lorrain par rapport à la production européenne et même française. Et le drame est un drame humain : on parle déjà de « sous-emploi » et on annonce pour les très prochaines années un important excédent de main-d'œuvre locale : les jeunes Lorrains, pour pouvoir vivre, devront-ils s'expatrier ?

Ainsi voilà une région qui possède des atouts qui furent incomparables et elle dépérit ! Faudra-t-il que les Lorrains exportent leur courage et leur énergie au profit de Paris, de la Sarre, de la Ruhr, du pays Wallon faute de pouvoir les exercer chez eux ? Il y a déjà des gens qui se consolent facilement de cette émigration, de cette hémorragie.

Dotée d'un potentiel qui fut magnifique, la Lorraine n'a pas les moyens matériels même d'utiliser son potentiel humain. Insuffisamment équipée, mal préparée — matériellement et non humainement — aux batailles économiques

13

du monde de demain, la Lorraine est condamnée à végéter. à se nourrir de rêveries nostalgiques, si un immense effort, dans tous les domaines, n'est pas entrepris avec autant de vigueur qu'on en mit jadis à construire l'inutile ligne Maginot.

Il faut se hâter. Remettre à plus tard la réalisation d'un plan lorrain original d'aménagement, de développement et de création, c'est en fait l'abandonner. Si la Lorraine doit attendre d'obtenir les moyens de prendre son essor, elle ne les aura jamais. Elle passera à côté de sa chance.

Et qu'on ne nous parle ni du V° Plan ni des priorités accordées à tel ou tel pseudo-impératif national : ce seraient là de mauvaises raisons.

Parce que la chance lorraine est aussi la chance de la France. Il n'est pas douteux que l'Europe se fera. Et dans cet ensemble extrêmement vivant, bouillonnant, dans cet ensemble où les concurrences obligeront les hommes à donner le meilleur d'eux-mêmes, la France aura besoin de ses forces de pointe pour garder la place que sa fierté et son intérêt lui assignent : pour cette lutte pacifique, la Lorraine paralysée, c'est la France qui démissionne.

A la crise actuelle de pessimisme, et disons-le crûment, de sous-développement doit succéder sans le moindre retard une période de progrès continu : la Lorraine souffre d'un déséquilibre qui est devenu une habitude. Elle n'a jamais connu un développement harmonieux, diversifié, complet. Le problème est de faire pousser toutes les pousses de l'arbre.

On conçoit à la rigueur que les princes aient l'élégance de sauver les peuples indolents du désert français : ils misent sur l'espoir du miracle. Parier sur les Lorrains, c'est tout de même plus sûr.

Une population de plus en plus nombreuse, une énergie qui a fait ses preuves depuis des siècles, un sous-sol dont les ressources sont abondantes et même quasi inépuisables, un sol qui peut produire bien davantage qu'il n'a jamais produit, un emplacement unique entre le Nord et le Midi, entre l'Est et l'Ouest : la Lorraine ne demande qu'à prospérer et à rendre l'ensemble français plus puissant. en même temps qu'à entrer dans le « Centre européen ».

La Lorraine hésitante, la Lorraine balancée, la Lorraine qui doute de son destin, ce n'est pas la vraie Lorraine. A vrai dire, les Lorrains ne doutent point de ce qu'ils feront si on leur donne les moyens d'être dignes d'eux-mêmes.

14

L'avenir lorrain est inscrit :
1° dans les possibilités historiques de l'homme lorrain,
2° dans la position géographique de la Lorraine.

Posons le problème non sur un plan négatif mais dans l'esprit le plus dynamique. A quoi sert de regretter les erreurs du passé ? Quel progrès tirerions-nous des critiques dont nous accablerions à tort les dirigeants de l'industrie lourde et des hommes politiques à courte vue ? (1)

Les choses étant ce qu'elles sont, que faut-il faire pour qu'elles soient autres. Tel sera l'objet de notre réflexion : dresser un plan lorrain de progrès, de rénovation.

Cette ébauche de plan ne sera ni complète, ni détaillée. Notre but est seulement de dessiner un plan; c'est-à-dire les grandes lignes directrices, les avenues, telles que dès aujourd'hui elles pourraient être esquissées par les architectes, par les ingénieurs, par les savants et par les hommes publics.

Il est temps de faire la Lorraine.

Il est temps de faire la Lorraine de l'avenir, la Lorraine du XXI° siècle.

---

(1) Nous souscrivons de bonne foi à l'excellente exhortation de M. Georges Pompidou : « il est nécessaire que l'esprit de coopération l'emporte sur l'esprit de dénigrement ». (Nevers, le 29 octobre 1966).

UN pays, c'est d'abord et même c'est seulement un groupe d'hommes.

Les Lorrains sont un vieux peuple.

Dans ce pays qui n'a vraiment aucune frontière, sur ce territoire qu'aucune barrière ne sépare du voisinage, ils se sont enfermés : l'isolement (ne pas lire isolationnisme) lorrain est un de ces paradoxes historiques que rien n'explique. Il n'y a pas de contrée qui ait subi davantage d'invasions. Pourtant le caractère des autochtones, sans être farouche et hostile, s'est peu à peu formé dans une sorte de solitude qui ressemble à celle d'une île : le Lorrain, soumis aux marées humaines, aux tempêtes guerrières, battu par tous les vents de l'histoire, s'est replié sur lui-même, subissant la loi du plus fort mais non pas son influence. La solitude du Lorrain, plus résignée que hautaine, sa concentration un peu triste, son manque évident de liant contrastent de façon frappante avec certains aspects des peuples voisins. On s'explique mal, non la méfiance lorraine mais son originalité, quand on considère le brassage de la population. Mais c'est peut-être justement cet extraordinaire mélange d'apports qui a façonné les coutumes, les traditions, l'instinct même. Le Lorrain ne ressemble ni au Champenois, ni au Wallon, ni au Rhénan, ni à l'Alsacien, ni au Franc-Comtois, et pourtant il n'est fondamentalement contraire à aucun de ses voisins. Vis-à-vis d'eux, il est en somme un cousin éloigné dont le caractère réservé préserve la personnalité. Son comportement ne heurte personne, mais il n'attire pas plus l'un que l'autre des voisins. Peut-être le Lorrain préfère-t-il les Français, et encore... pas tous ! En réalité, il est attiré par tous les peuples, ne se sent opposé à personne, ne ressemble à personne.

Qu'est donc un Lorrain ?

A cette question répondent d'abord les appels des premiers chasseurs, dans la forêt de l'âge néolithique et le cri des premiers paysans qui peuplaient Malzéville et Sion. Répondent aussi les Celtes, envahisseurs de l'an 800 av. J.-C., dont les mines de fer et les mines de sel préfiguraient les industries actuelles. Répondent les Romains qui tracent les axes routiers : de Lyon à Trêves, par Toul et Metz ; de Reims au Rhin, par Verdun, Metz et Sarrebourg ; de Metz à Mayence, etc. Répondent les Celto-Romains (Leuques au sud, Médiomatrices fidèles à l'Empire, face aux Triboques et aux Trévires) grands bâtisseurs de fermes et de monuments, céramistes, verriers, forgerons, viticulteurs.

Ce sont des fondateurs déjà mêlés. Les ancêtres des Lorrains sont les Celtes et les Romains qui, pendant plus de mille ans, ont connu une ère de paix et de prospérité, parfois troublée par des périodes de crise et par des invasions. Ainsi les fondations inébranlables sont-elles posées.

La paix celte puis la Pax Romana consolidaient la base. créaient une Lorraine stable et résistante : à jamais la future Lorraine resterait attachée à une forme romane de la civilisation européenne, parce que le paysan-ouvrier et le clerc allaient garder les traditions, les us, la foi au milieu des Vandales, des Alains, des Huns et des Francs qui submergèrent successivement le pays.

Le Lorrain pouvait dès lors s'enrichir encore de sang nouveau. Les Francs Ripuaires colonisèrent le nord du pays et même s'y implantèrent en conquérants, imposant le parler germanique partout où ils avaient chassé les anciens habitants, mais se laissant absorber par les Gallo-Romains ailleurs, c'est-à-dire dans la majeure partie du pays. C'est l'époque (VII° et VIII° siècles) où la christianisation, prêchée par les Irlandais, s'étend non plus seulement aux villes mais aux campagnes.

Après les deux grandes périodes de richesse industrielle, agricole et commerciale, la mérovingienne (avec Brunehaut, bienfaitrice de la Gaule, Dagobert, Arnoul, évêque de Metz, Pépin le Bref), et la carolingienne, pendant laquelle l'essor commercial de Metz et de Verdun fut aussi remarquable que la floraison intellectuelle de Toul et de Metz et le progrès général de la civilisation sociale (1), une ère de

(1) Les Carolingiens sont les premiers à libérer (partiellement) les serfs. « L'expérience a déjà démontré aux maîtres des villae et aussi aux économes des abbayes lorraines, la supériorité du travail libre et individuel... La conséquence pour la Lorraine sera le démembrement du manse (primitivement d'une douzaine d'hectares) en quatre quartiers (d'environ 3 hectares chacun) attribués à autant de familles. Sur le quart de la manse où il cultive surtout les céréales, par assolement triennal (blé, trémois, jachère), le tenancier peut disposer d'une maison avec un meix ou jardin, départ de ce qu'on appellera plus tard les « communaux ». (Mgr Charles Aimont, Histoire des Lorrains, p. 100 sq.) Nous ne nous attarderons pas à une comparaison avec tel régime de socialisme amendé, mais soulignons que la chance de la paysannerie lorraine, constituée de fermiers (le cens) et de serfs à demi libres s'est constituée dès le IX° et le X° siècles et forme la base inébranlable de la société lorraine. Le sens de la propriété individuelle et de la responsabilité personnelle dans le travail a mille ans d'âge, en Lorraine, ce qui n'est pas si commun

18

difficultés, d'invasions, de ruines allait de nouveau modeler le type lorrain : les Hongrois ravagèrent le pays au début du X' siècle, l'époque des Hongres, l'époque des ogres...

C'était le temps où l'empire carolingien était démantelé. Lothaire avait choisi en 843 la Lotharingie. En 855, son fils Lothaire II eut pour part la Loherrègne, la Lorraine. En 870, Toul et Verdun sont attribués à Charles le Chauve, Metz et Thionville à Louis le Germanique. Et ce fut toute une suite de rivalités et de disputes, la Lorraine passant des mains germaniques dans les mains françaises, puis revenant à Henri I", roi de Germanie (925).

Depuis cette époque la Lorraine, terre frontalière, est tantôt de l'est, tantôt de l'ouest. Elle ne sera plus jamais au centre. Elle avait connu avec les Mérovingiens et les Carolingiens sa grande période de superbe. Elle était au centre du monde occidental. A partir du X' siècle, elle devient un glacis disputé.

Les quatre départements de la région lorraine

19

Elle devient un enjeu. Son destin est désormais scellé. Outre les petites guerres féodales, elle supporte la rivalité de plus en plus âpre qui opposait la France et l'Allemagne, et les Lorrains francophones comme les Lorrains germanophones ne se privèrent pas de prendre parti. C'est une extraordinaire salade de tendances politiques, de renversements d'alliances.

Peu à peu, malgré quelques périodes de calme et de prospérité, la Lorraine sombrait dans le désordre. Les féodaux se faisaient mercenaires des princes, au plus offrant, ou devenaient brigands. La pauvre population des campagnes était décimée : tandis que les seigneurs se combattaient, les paysans étaient toujours pillés quel que fût le vainqueur.

« L'invasion des Grandes Compagnies, appelées par le Comte de Vaudémont, ouvrit pour le pays une période sombre (1360) » (Jean Schneider, *Histoire de la Lorraine*, p. 54). On dit que l'influence française se développait, parce que le Comte de Bar s'était reconnu vassal de la France, parce que Toul et Verdun acceptaient des gardes françaises. En réalité, ces autorités nominales ne correspondaient, pour les Lorrains, à vraiment rien. Que les Habsbourg, que les Anglais, que les Français (Charles V) envoyassent des contingents, les Lorrains n'y voyaient guère de différence avec les troupes de Bourgogne qui traversaient leurs villes et leurs villages. Bourguignons ? Ce sont des mercenaires et des reîtres qui mettent à sac le pays, ravagé par la peste et par des famines : soldats des Pays-Bas, d'Espagne, de Suisse, d'Allemagne, tiennent garnison au même titre que les « écorcheurs » qui, pour le compte de Charles VII, roi de France, s'emparaient d'Epinal, rétablissaient la garde française à Toul, mettaient le siège devant Metz...

Pour lutter contre Charles le Téméraire, qui voulait refaire la grande Lotharingie, René II fait appel aux cantons suisses, aux villes alsaciennes contre les Luxembourgeois et les Flamands. Si politiquement, on ne peut que déplorer la mort du Téméraire (1475), il n'en est pas moins certain que c'est à partir de là que s'affirme une prédominance française, dans tous les domaines. Cette pénétration de la France, faite surtout à des fins militaires, s'accompagnait d'une action psychologique de plus en plus marquée.

Mais cela ne changeait rien aux combats, à la guerre. Tandis que, paradoxalement, la Lorraine devenait un Etat souverain, (traité de Nuremberg, 1542), jamais elle n'avait été plus divisée, plus fractionnée, mais enfin le « Barrois mouvant » était sous l'autorité du roi de France, les Trois Evêchés passaient bientôt sous la coupe française, après que les reîtres impériaux eussent galopé de Trèves à Meaux.

La paix — relative — eût relayé la guerre, si la querelle religieuse n'avait donné prétexte aux compagnies, grandes et petites, de traverser la Lorraine : six fois, entre 1562 et 1591, les lansquenets protestants vinrent ravager le pays, soi-disant pour venir apporter leur aide aux réformés français. On se souvient encore de Jean Casimir, du duc de Bouillon et de leurs bandes (1587).

Est-ce fini ? Point. Arrive Richelieu. Le duc Charles IV, (« si connu par ses perfidies », d'après Saint-Simon), dont le caractère était marqué par une « certaine hauteur solitaire et mélancolique qui est au fond de toute âme lorraine » (Hubert Elie, *Réflexions sur l'Histoire lorraine*, p. 56) va être obligé de mener — entre 1624 et 1660 — la guerre contre la France. Sans autre succès que de soumettre le duché à une longue et douloureuse occupation militaire. Nous nous en consolons aujourd'hui en regardant *les Misères de la guerre* que Jacques Callot burinait, et en nous attendrissant sur la charité de Monsieur Vincent... Les rêves nostalgiques d'indépendance et de souveraineté sont morts depuis longtemps (avec Thierry Alix, dernier « président de Lorraine »).

En 1673, Louis XIV vient camper au Palais Ducal de Nancy. En 1698, le duc Léopold épouse une nièce de Louis XIV. Déjà la Lorraine devenait la vassale de la France. Est-ce enfin la paix ? Les Lorrains avaient subi les Suédois, ennemis de Charles IV, les Hongrois et les Croates, alliés de Charles IV. Ils aspirent au calme. Ils en ont assez que la Lorraine soit le champ de bataille de l'Europe.

C'était l'époque de la famine la plus atroce. « On voyait de pauvres paysans », raconte Demange Bussy, bourgeois de Toul, « sur les fossés de la ville criant miséricorde de faim, mangeant tout ce qu'ils trouvaient, même la chair des chevaux et vaches mortes et autres charognes. Cette famine fut si grande qu'on déterrait les corps morts des cimetières pour les manger ». Il y avait des femmes qui tuaient leurs enfants, « salaient leur chair dans un cuveau », et les mangeaient. Cela s'est passé à Château-Salins, à Mirecourt, à Delme, à Thiaucourt, etc. La légende de saint Nicolas est inspirée par l'histoire vraie.

Telle était la guerre de Lorraine, la guerre aux Lorrains.

Et l'on comprend les Lorrains d'avoir préféré se soumettre même à des Français comme La Ferté-Sénectère, qui disait : « Guerre et pitié ne vont pas ensemble ». La servitude, après tout, cela vaut mieux que les viols suédois, les assassinats croates, les incendies hongrois, les pillages bourguignons, suisses, espagnols, flamands, alsaciens, saxons, etc. Vive le roi (de France) s'il assure la paix à la Lorraine !

Et de fait, si la Lorraine était passée à l'état de désert jusqu'à la fin du XVII⁰ siècle, la paix qui s'instaura sous la protection des forteresses de Vauban paya les Lorrains de la perte d'une souveraineté illusoire.

François III de Lorraine épousa en 1736 Marie-Thérèse, héritière de l'empereur Charles VI. Il céda le Barrois et la Lorraine à Stanislas Leczinski, roi détrôné de Pologne. Mais dès 1736, c'est un intendant du roi de France, Chaumont de la Galaizière, qui administra les duchés. En 1766, à la mort de Stanislas, la Lorraine faisait enfin et très officiellement figure de province française.

Quant à la paix... Le 20 octobre 1741, Stanislas avait institué le service militaire obligatoire (six bataillons). En 1744, deux nouveaux régiments. En 1763, nouvelles levées. Et les Lorrains vont se faire tuer à Landau, à Givet, à Calais, à Rossbach, à Emmerich. Comme l'écrit Mgr Charles Aimond, « c'était la première fois — ce ne sera pas la dernière ! — que le sang lorrain était versé au service de la France ».

Pourtant, il y avait ceci de nouveau que sous le règne des derniers ducs lorrains comme sous celui de Stanislas et au début de la domination française, la Lorraine ne fut pratiquement plus envahie et pouvait donc se relever — péniblement, lentement — de ses ruines. Même elle songeait à se faire belle, comme en témoigne l'admirable ensemble de la Place Carrière, de la Place Royale et de la Place d'Alliance, à Nancy.

Mais le paysan lorrain menait amère vie. Les pauvres gens en Lorraine y étaient plus nombreux qu'en aucune autre région, au point que plusieurs centaines émigrèrent et s'établirent en Hongrie, formant une colonie germanophone qui a subsisté jusqu'à nos jours. La Révolution allait donner aux Lorrains d'autres occasions de voir du pays. Les appels de volontaires, en 1791 et 1792, avaient reçu un accueil au total assez favorable. La levée en masse de 1793 ne trouva pas les Lorrains bien chauds pour la défense d'une patrie qui, après tout, n'avait pas même trente ans. Les paysans, révoltés contre la « loi du maximum », recommençaient à endurer les misères de la guerre : pressurés par le pouvoir central, mobilisés dans des « bataillons agricoles », réquisitionnés pour approvisionner les armées en campagne, ils connaissaient de nouveau les horreurs de l'invasion. Les Prussiens avaient fait campagne en 1792, pris Sierck, Longwy, Verdun, mais reculé après Valmy.

Il y eut alors une période qui laissa dans le cœur des Lorrains des souvenirs heureux. La frontière du Rhin était une protection d'autant plus appréciée que les armées se battaient sur des terres étrangères, des armées où les maréchaux et les généraux étaient nombreux à être nés à Sarrebourg, à Phalsbourg, à Lamarche, à Nancy... Cette euphorie ne dura guère. Les invasions (1814-1815), l'occupation aussi, rappelaient à la Lorraine qu'elle était province française et qu'elle devait payer les défaites deux fois plus cher que les autres provinces. En 1814, la Lorraine avait déjà été mutilée, mais en 1815, après que les Bavarois eurent ouvert la voie aux cosaques russes et aux Prussiens dont le flot coulait à travers le pays, Sarrebruck, Sarrelouis et Vaudrevange étaient séparés : la Lorraine démembrée faisait les frais du désastre. 108 communes lorraines — pour être de langue allemande, n'en étaient-elles pas moins lorraines ? — étaient livrées à la Prusse qui s'occupa activement de les prussianiser : il y eut des Lorrains qui se suicidèrent pour ne pas devenir Prussiens, mais beaucoup s'expatrièrent, laissant la place aux nouveaux maîtres.

Le demi-siècle de paix qui suivit donna enfin à la Lorraine la possibilité de souffler. Les campagnes évoluaient peu, mais se peuplaient. L'industrie allait connaître sa prodigieuse expansion : textiles, salines, houille, fer. A la veille de 1870, la Lorraine prenait son essor.

Mais, une fois encore, la guerre allait tout remettre en question : les Allemands entraient à Nancy le 12 août 1870, Bazaine capitulait à Metz le 27 octobre, et bien que Gambetta eût été élu député par le département de la Moselle, ce fut la Lorraine qui paya pour la France : le traité de Francfort livrait à l'Allemagne la moitié de la Lorraine... et il y eut deux Lorraines.

L'une était française, l'autre allemande, toutes deux occupées par des garnisons, hérissées de fortifications, mais dotées d'industries pleines de vitalité. Dans la Lorraine dite annexée, les Prussiens importèrent des fonctionnaires, des techniciens, des commerçants, des ouvriers : cette immigration massive de Prussiens, de Saxons, de Bavarois changeait l'allure du pays messin mais surtout transformait l'équilibre racial de cette population qui devenait de moins moins lorraine. Et pourtant, malgré l'élection dès 1907 de Lorrains germanophiles au Reichstag, le fond du caractère lorrain s'affirmait, opposé à la division du pays : l'ensemble restait attaché à l'unité lorraine au sein de la France.

La prospérité des deux parties de la Lorraine prit fin en août 1914. La Lorraine française ne fut pas entièrement envahie, mais pendant quatre ans, on se battit en Lorraine : la trouée de Charmes, le Bois-le-Prêtre, les Eparges, Vauquois, Verdun. Du côté allemand, on parlait de déporter en masse les Lorrains vers la Prusse orientale, seul moyen de venir à bout de ces opposants irréductibles.

En 1918, la Lorraine retrouvait son unité. Elle avait vu passer les troupes américaines, sans parler des Marocains et des Sénégalais... L'entre-deux-guerres, cette veillée d'armes, la trouvait moins inconsciente que le reste de la France. Et en 1939, 300 000 Lorrains étaient évacués vers les départements d'accueil du sud-ouest. Après que les Polonais eurent sauvé l'honneur par leurs combats de juin 1940, l'Allemagne prit en main l'administration : la Moselle fut réunie à la Sarre et au Palatinat, 280 000 Mosellans furent chassés de chez eux et envoyés en « zone sud », tandis que des Prussiens, des Baltes, des Bessarabiens venaient repeupler les villages évacués. Mais les Lorrains qui demeuraient affirmèrent avec une ténacité exemplaire leur volonté de ne céder ni à la terreur ni aux cajoleries. Le gauleiter Burckel les disait de race allemande, ils prouvèrent qu'ils se sentaient Français. Leur opposition se solda par la déportation de 33 000 Mosellans. Parallèlement, la résistance à l'envahisseur s'organisait à Nancy, à Toul, etc. Et les Allemands installaient sur les terres des exploitants polonais et blanc-russiens. On les connaissait bien, les Polonais, en Lorraine : les premiers étaient venus avec Stanislas et s'étaient fondus à la population. Après la chute de l'Empire, des Polonais fuyant l'oppression et les massacres que Russes, Prussiens et même Austro-Hongrois prodiguaient à l'envi, s'étaient réfugiés en Lorraine ; il y avait eu aussi de nombreux mineurs polonais, qui à côté des mineurs italiens, étaient venus travailler dans les mines de fer et de houille, dans les salines ; la Pologne avait eu une fière armée en 1940, et maintenant les paysans polonais venaient créer, sous l'égide allemande, des fermes d'Etat... (1)

La libération de 1944 mit un terme au chaos. Véritable résurrection. Enfin, la Lorraine respire. Il lui semble que la rivalité franco-allemande a pris fin et que la guerre ne prendra plus sa terre pour champ-clos. Peut-être enfin les Lorrains, cet extraordinaire amalgame de races, d'efforts et de douleurs, peut-être pourront-ils enfin être eux-mêmes.

Du vieux fond celte il reste sans doute un attachement têtu aux terres défrichées, aux métiers ancestraux. Les Vandales, les Francs, les Hongrois, les Flamands, les Suisses, les Français, les Espagnols, les Suédois, les Russes, les Polonais, les Bavarois, les Prussiens, et d'autres, et en somme tous les soldats d'Europe étaient passés sur cette terre à misères et y avaient peu ou prou laissé semences d'hommes et semences d'idées ou de coutumes. Et pourtant le caractère lorrain, digérant, assimilant tous ces apports hétéroclites, est resté pareil fondamentalement à ce qu'il était lorsque Tacite ou Saint-Simon essayaient de le définir.

En cela, la Lorraine a prouvé qu'elle est une nation.

M. Hubert Elie écrit : « qu'un incroyable concours de circonstances ait permis à ce petit duché, le plus ancien d'Europe (la Savoie demeura longtemps un comté), mais sans frontières naturelles, entouré de tant de convoitises et au milieu de tant de vicissitudes, de subsister plus de sept siècles, le fait est tout de même là. Il eut en effet la vie si dure, ou plus exactement il bénéficia de tant de vitalité et de garanties de survie qu'il fallut, chose inouïe, que ses princes eux-mêmes, tant aimés de leur peuple depuis si longtemps, lui donnassent eux-mêmes le coup de grâce pour qu'il disparût. » (Réflexions sur l'Histoire de Lorraine, p. 17 sq.)

A ceci près que la Lorraine n'a pas cessé d'être et qu'Etat indépendant ou non, région morcelée ou non, province sujette ou non, la Lorraine est restée en pleine vie, spécifiquement lorraine, et toujours forte. Nous ne disons pas : rayonnante. La Lorraine ne rayonne pas, elle concentre plutôt sur elle-même, en elle-même, sa puissance interne. En définitive, plutôt que « l'incroyable concours de circonstances », c'est l'originalité de sa constitution, de sa dynamique qui a permis à la Lorraine de survivre à toutes les guerres, à toutes les invasions, à toutes les destructions, à toutes les absorptions.

_____

(1) Il faut être Lorrain pour comprendre les réalités de l'Histoire.

Et si nous commençons par un résumé historique un essai consacré en somme aux difficultés économiques qui pèsent aujourd'hui sur la Lorraine, c'est surtout pour exprimer une vérité populaire : la Lorraine en a vu d'autres !

Le Lorrain a eu la vie si dure pendant deux mille années qu'il a durci son cuir et durci son âme. Résistant-né, il a dû sans doute se replier, faire le gros dos, tenir, tenir encore : ce n'est pas lui qui partait à la conquête de la Bourgogne, du Palatinat ou même des trois Evêchés... Il n'a même pas colonisé Paris comme les Bretons et les Auvergnats.

Le caractère lorrain n'est pas dominateur : des siècles de servitude ont disposé le Lorrain à accepter plutôt qu'à imposer, à assimiler plus qu'à dominer. Le Lorrain est un réaliste : il s'adapte. Sa maison est bien construite, selon les bonnes règles, sans art, et en matériaux lourds. Elle est bâtie pour durer. Elle est commode sans être élégante. Elle reçoit tous les visiteurs qui se présentent et qui apportent leur concours. Ils pourront même planter un drapeau sur le faîte, la maison n'en reste pas moins ce qu'elle est ou plutôt ce que tant d'hôtes l'ont fait devenir. Tel est le caractère lorrain, plus riche d'apports que conquérant. Lorrain récepteur universel, Lorrain assimilateur.

A notre époque une vertu si moyenne est l'atout le plus précieux. Si la Lorraine se donnait des grands airs et parlait de devenir le pôle magnétique de l'Europe, ce serait évidemment ridicule. Au contraire, modelé par tant de siècles de servitude et de souffrance, le Lorrain n'a point de prétention ; sûr, sérieux, appliqué, il inspire confiance, dans le moment même où il se méfie le plus de ses voisins. En vérité, le Lorrain a été civilisé, ses angles sont limés, ses épines émoussées. Aujourd'hui, la chance lorraine a un petit air de petite moyenne.

N'allons point jusqu'à dire que le Lorrain n'a plus de personnalité. Ce serait aussi injuste que faux. Le Lorrain a acquis une personnalité que des gens divers et même opposés peuvent tolérer et parfois rechercher. Le Lorrain n'est pas essentiellement différent de ses voisins qui reconnaissent en lui les traits qu'ils préfèrent : Allemands, Wallons, Flamands, Parisiens, Bourguignons, Suisses alémaniques, et bien d'autres, trouvent toujours que le Lorrain est un interlocuteur qui se fait comprendre et qui comprend, un hôte pas trop agréable mais sachant vivre, et même parfois un ami sûr. D'avoir subi tant de traverses, le Lorrain a au moins gagné de n'être nulle part étranger et de ne recevoir personne en étranger : point gourmé avec les Parisiens, assez germanique pour mettre à l'aise les gens de Dusseldorf ou de Zurich.

Cette extraordinaire faculté d'adaptation, qui n'est pas du mimétisme mais qui est essentiellement due au fait que, bon gré mal gré, les Lorrains ont reçu les traits de tous les peuples européens, n'aurait pas toute sa valeur si elle n'était relevée par une qualité qui ajoute encore à la confiance : la solidité. Le Lorrain est sérieux. Surtout, il « fait sérieux ». Pour tout dire en un mot, le Lorrain est bien un « centriste », comme les gars du Nord de la France sont des nordistes. Le Lorrain est du centre européen.

On aimerait trouver du caractère lorrain quelques portraits ou du moins quelques esquisses : il semble que nulle part, — et pas plus dans Barrès que chez n'importe quel auteur —, un type lorrain universel n'ait été défini. Barrès qui a su graver en lignes concises et évocatrices les paysans lorrains, leur pureté sèche, leur profondeur, a peut-être été moins classique, moins docile à son sujet, lorsqu'il a voulu dessiner le Lorrain. Le grand Léopold Bayard est pourtant, nous n'en pouvons douter, un type lorrain vrai. Nous avons rencontré de ces prêtres excessifs et têtus, illuminés par leur foi, dont rien ne tempérait la certitude. Il y a là un des traits du caractère lorrain : une volontaire absence de doute, une solidité monolithique, une énergie dans le « ne varietur » qui fait penser au rocher, plus précisément à l'ancre accrochée au roc. Dans l'attachement à la foi qu'il s'est donnée comme dans la fidélité à la patrie, le Lorrain n'a peut-être point d'égal. Autant dire que l'esprit critique n'est pas son fort. Le Lorrain ne sait pas trahir, en dépit de tel adage bourguignon.

Fidélité n'est pas sottise.

Le Lorrain n'est pas un benêt. Il n'est pas dépourvu d'une certaine gouaillerie. Il aime plaisanter, il aime se moquer, il se moque de lui-même : les histoires lorraines, fort nombreuses et qui amusent surtout les Lorrains, prouvent en tout cas que ce peuple est accessible à l'humour. Le côté grotesque des choses et des gens ne lui échappe pas : on rit volontiers de ce qu'on fait, des coutumes, des idées reçues, des travers que chacun cultive, on caricature les uns et les autres, mais on reste quand même très perméable aux influences, à l'actuel, aux problèmes du présent.

Aujourd'hui c'est à une forme nouvelle de réalisme que les temps nouveaux appellent les Lorrains. Les rivalités économiques dominent le monde. Mais les traditions aident à vaincre dans la lutte pour la vie.

Il y a beaucoup à espérer des réserves secrètes de l'esprit lorrain, si on lui donne le droit de fructifier. Le temps sera-t-il enfin l'allié de la Lorraine ? Les projets d'une génération pourront-ils être développés par les générations suivantes ? Le réalisme sera-t-il créateur ? Les traditions connaîtront-elles l'épanouissement ?

Leur dur chemin de vie, les Lorrains l'ont suivi sans désespérer. C'est la voie historique des mercenaires et des serfs. Il semble que les Lorrains continuent à la connaître quand aujourd'hui encore ils vont chercher du travail en Sarre.

Si les sacrifices de cinquante générations méritent une revanche, si l'héritage des anciens prépare le succès des vivants, alors le Lorrain d'aujourd'hui recevra enfin la récompense d'être lui-même, c'est-à-dire de pouvoir mettre ses moyens matériels et ses facultés au service de son propre intérêt national.

Souhaiter cette chance à un peuple qui ne saurait la saisir serait aussi vain qu'inutile. Parce que la nation lorraine est capable de vouloir, de vouloir courageusement, de vouloir longtemps, elle triomphera dans les œuvres de paix comme jadis elle a su durer, survivre au milieu de la misère et de la guerre, malgré les ruines, plus forte que la mort.

Pour le Lorrain, il ne s'agira plus d'espérer mais de réaliser : « les Lorrains savent d'expérience, écrit M. Jean Schneider (1), que les civilisations sont mortelles. A défaut de réalisations brillantes la civilisation occidentale a trouvé dans l'attachement silencieux et obstiné des gens de ce pays à ses valeurs essentielles une preuve éclatante de sa vitalité. » L'histoire des belles qualités lorraines, l'histoire consolatrice, a fait son temps : la vitalité ne se prouvera plus par la résistance d'une nation, mais par ses créations.

La nation lorraine voit devant elle s'ouvrir un destin qui lui appartiendra, un destin dont elle pourra dire enfin qu'elle le construit pour elle-même. La nouvelle Lorraine sera la vraie Lorraine.

---

(1) Histoire de la Lorraine, p. 125.

L 'AVENIR de la Lorraine n'est pas une question d'indépendance politique. Les Lorrains ne songent ni à l'autonomie ni à je ne sais quel rêve lotharingique. Tout cela est définitivement dépassé. Bon pour l'époque où les nations se définissaient par leurs frontières.

Aujourd'hui le peuple lorrain comprend qu'il est, à tous les points de vue, le mieux placé pour être au carrefour de l'Europe, c'est-à-dire dans la meilleure situation, celle de la dépendance ou, comme on dit, de l'interdépendance. Tout peuple qui veut vivre doit tisser en lui et autour de lui des liens de dépendance.

La Lorraine, issue de tant de races diverses, traversée par tous les courants européens, tend naturellement vers une dépendance multiple. Elle a besoin de l'ensemble français dont elle est une partie considérable. Elle aura non moins besoin de ses voisins, de tous ses voisins : divergence externe de la Lorraine, à quoi répondent des faisceaux convergents vers le cœur lorrain.

Son but sera de les lier à elle et de se lier à eux, de telle sorte qu'ils aient besoin d'elles comme elle a besoin d'eux.

Ce dessein, ce programme convient au véritable tempérament lorrain, beaucoup mieux que le romantisme militaire d'antan. Mais il peut satisfaire aussi ceux qui rêvent de constructions idéales : il s'agit de faire l'Europe et sans doute de se servir de la Lorraine pour la faire.

Posons donc le problème comme si nous pouvions figurer au Conseil de la Providence, ou plus humainement, comme si un plan méritait d'être examiné à la fois par tous les voisins de la Lorraine et par les Lorrains eux-mêmes. L'argument est très simple : concilier les intérêts, donner à toutes les lignes de force un point de convergence. La seule loi pacifique dans notre monde moderne, c'est le *do ut des*. Nous chercherons, dans cet esprit, ce qu'est la Lorraine, ce qu'elle peut devenir, donc ce qu'elle demandera aux autres pays et en contrepartie, ce qu'elle leur offrira.

Ce futur rejoint le passé. Les visions de jadis préfigurent les créations de demain. Il y a une Lorraine encerclée d'aujourd'hui, mais il y a eu la Lotharingie, qui n'était pas

29

seulement une vue de l'esprit ou une construction artificielle. Cette Lotharingie correspond à quelque chose de viable : le quadrilatère lotharingien ou noyau du centre européen. Il faut comprendre que l'avenir européen se construira autour de ce noyau. Et il faut le vouloir.

Il est nécessaire d'en connaître aussi le potentiel : son agriculture et ses aspects complémentaires de productions voisines, ses minerais, son industrie, avec ses défauts et ses excès, avec ses indéniables possibilités de transformation et de progrès, le réseau interrégional des voies de communication (le système des voies navigables, les routes, les voies ferrées, les relais aériens) seront sans nul doute les germes de l'évolution.

Toutes ces notions fondamentales expliquent ce qu'on peut attendre d'une liaison Nord-Méditerranée, d'une liaison Lorraine-Alsace, d'une liaison Nord de la France-Est de la France, d'une liaison Pays Wallon-Luxembourg-Lorraine, d'une liaison Allemagne-Lorraine, dont les lignes de force sont les artères du développement européen.

Réussir à construire le centre de l'Europe nécessitera des prouesses techniques, industrielles, commerciales sans cesse renouvelées. Ce sera aussi un problème politique, nul ne saurait en douter. Mais cette politique-là dépasse les rivalités des Etats, les querelles de clochers. Le but d'une politique lorraine est d'un niveau « continental ».

La France étant ce qu'elle est et surtout ce qu'elle devient, l'Europe aussi se formant, se composant, s'organisant, la politique lorraine semble toute tracée, en fonction de ce que la Lorraine représente pour la France d'une part, pour l'Europe d'autre part. Une analyse honnête du potentiel lorrain conduit naturellement à des conclusions pratiques qui intéressent la France et l'Europe : la politique lorraine est à la fois une politique française et une politique européenne. Par nature des choses et par nature des gens.

HISTORIQUEMENT, la Lorraine doit son nom à la Lotharingie, au royaume de Lothaire, dont elle est en
quelque sorte le succédané ou le résidu. La grande
Lotharingie mérite d'être spécialement considérée : les
petits-fils de Charlemagne en 843 se partagèrent l'Empire à
Verdun et l'aîné, Lothaire, reçut la *Francia media*, longue
bande de territoire allant de la Mer du Nord à Rome. Telle
est la première Lotharingie. « Depuis l'avènement du Marché commun, on a ressuscité le nom primitif du royaume
de Lothaire... pour désigner la grande zone centro-euro-
péenne que sillonnent le Rhône et le Rhin. » (1). Il ne s'agit
évidemment pas de la seule Lorraine. Cette grande Lotharingie, on la nomme pour plus de commodité « le quadrilatère
lotharingien », ce qui la distingue de la petite Lotharingie,
qu'il faudrait appeler « trapèze lotharingien » : celui-ci ne se
confond d'ailleurs pas non plus avec la Lorraine étriquée
de l'époque moderne.

Ce trapèze lotharingien fut l'apanage de Lothaire II, de
Genève à la Mer du Nord, entre le Rhin et la Meuse. « Ce
pays fut appelé *Lotharii regnum*, le royaume de Lothaire,
nom qui dans la langue romane devint Lother-règne, Lorraine ». (2)

Ces notions ne sont pas seulement des rappels historiques. Elles traduisent une réalité vivante qui n'a rien
d'artificiel ou de caduc. La grande Lotharingie correspond à
une zone d'activité étendue, la petite Lotharingie ou grande
Lorraine à une zone plus concentrée. L'une et l'autre auront
la Lorraine actuelle pour centre, pour « pôle de croissance »,
selon l'expression de M. F. Perroux (3). Il importe donc de
prendre conscience des aspects économiques et sociaux non
seulement de la région lorraine elle-même, mais de ceux
qui caractérisent ses environnements plus ou moins proches.
Il faut faire varier la perspective qui s'offre à nous : nous
considérons la Lorraine tantôt dans ses limites propres,

(1) J. F. Gravier. *L'aménagement du territoire et l'avenir des régions
françaises*, p. 221.
(2) Jean Schneider. *Histoire de la Lorraine*, p. 23.
(3) F. Perroux. Note sur la notion de « pôle de croissance » in *Economie appliquée*, 1955.

tantôt entourée des régions avec lesquelles, proches ou plus lointaines, elle est en relations naturelles.

Et il n'y a point de doute que le cadre premier, le centre, c'est la petite Lotharingie, (« le trapèze ») dans les deux ensembles de grandes dimensions : la grande Lotharingie ou large méridien du centre de l'Europe occidentale, d'une part, et le triangle Le Havre-Hambourg-Gênes qui est le « centre nerveux de l'Europe occidentale, au point de vue industriel » (1).

Historiquement, la Lorraine (pays de la Meuse et pays de la Moselle) avait été, sous le règne de la dynastie carolingienne, tout d'abord le cœur de l'Empire. Les Carolingiens avaient une dilection particulière pour Thionville et pour Remiremont. Et puis les partages, en créant la Lotharingie, firent perdre à la Lorraine sa situation privilégiée : la Lotharingie n'était plus politiquement qu'une marche, tantôt de l'Est, tantôt de l'Ouest, et son rôle d'actif devenait passif. Il n'en est pas moins vrai et réellement inscrit dans la configuration du sol que la grande Lotharingie demeure un axe Nord-Sud naturel (2), que la petite Lotharingie est un carrefour exceptionnellement placé, que la Lorraine est un territoire doté de possibilités propres qui lui permettent de devenir un « pôle de croissance » non seulement français mais typiquement européen.

La Lotharingie possède des voies naturelles, qui en font le trait d'union entre l'Europe du Sud et celle du Nord. De Marseille, de la Provence, de Lyon, on gagne Dijon par la Saône et de là, par la Meuse, on rejoint Reims, porte ouverte sur les Flandres, tandis que par la Meuse, en traversant l'Ardenne, on trouve accès vers Namur, Liège, Anvers et que, par la route, on peut aller à Luxembourg et de là en Wallonie. « L'axe rhénan est plus simple : au sud de Bâle, il franchit le Gothard et gagne la Méditerranée par le chemin le plus court... Enfin les deux axes sont reliés par trois voies orientées du Nord-Est au Sud-Ouest. L'une purement fluviale, est la Moselle canalisée. L'autre venant de la zone Mulhouse-Bâle par la porte de Bourgogne, suit le Doubs et rejoint Chalon-sur-Saône ou bien, longeant le Resermont, arrive directement à Lyon. La dernière, partant également de Bâle,

(1) Paul Romus. *Expansion économique régionale et Communauté européenne*, p. 210.

(2) De Rotterdam à Marseille, il y a 1 500 kilomètres, dont 950 en France

passe au pied du Jura suisse et, après Genève, emprunte le sillon alpin, puis la vallée de l'Isère, pour déboucher sur le Rhône à Valence. » (1)

Cette région est donc une sorte de grande échelle dont les montants sont grosso modo les antiques limites est et ouest de la Lotharingie et dont on peut reconnaître les barreaux dans des voies perpendiculaires (ou obliques) qui relient entre eux les grands axes Nord-Sud.

Comme on le voit, la Lotharingie se définit d'abord dans un complexe de trafic. Les voies de passage sont l'essentiel de la carte, mais ces lignes n'ont de valeur que si elles unissent des sources de production et également si elles ont une capacité de transport suffisante. Et puis transporter des produits, à quoi cela sert-il pour les pays traversés ? Transporter, c'est *transformer* ou selon une autre optique, *échanger*.

La Lotharingie, admirablement placée par la nature pour servir de lieu de passage, est-elle économiquement un véritable poumon, une zone d'échanges ? Il est évident que non aujourd'hui.

A-t-elle les moyens de le devenir ? C'est toute la question. Autrement dit, peut-on donner à la Lotharingie et plus spécialement à la Lorraine la possibilité de s'insérer utilement dans l'ensemble économique européen, de devenir une pièce indispensable de la construction économique européenne ?

Nous essaierons d'étudier ce problème sous ses aspects actuels, nous dirigerons notre étude en fonction du but essentiel de la réforme économique possible : transformer la Lorraine pour la sauver.

« Zone-carrefour du continent », la Lorraine est étroitement solidaire de ses voisins. Ses frontières ne correspondent pas à celles des départements lorrains : ce n'est certes pas sur le plan des appartenances nationales qu'il faut se placer. Le « Centre Européen » emplète, parfois largement, sur les territoires belge, luxembourgeois et allemand. L'œuvre serait tronquée si elle devait se limiter à une Lorraine incomplète, artificielle. C'est pourquoi nous considérons la Lorraine actuelle et ses abords comme un tout géographique, comme un ensemble naturel. Il ne s'agit absolument pas d'une annexion. Réunir pour un destin

(1) J. F. Gravier. Ibidem.

3

commun les territoires solidaires, c'est une association d'alliés naturels et égaux. En nous abstenant de tracer des frontières sur les cartes de la Lorraine, c'est-à-dire de la Lorraine ouverte sans frontières sur les pays voisins, nous essayons donc de traduire la mission économique qui peut être reconnue au « Centre Européen ». Il ne nous déplaît pas que dès maintenant la Sarre et la Lorraine collaborent dans des créations industrielles communes.

Cela nous oblige à prendre conscience de la Lorraine *au milieu de...*, de la Lorraine *par rapport à...*, de la Lorraine *en fonction de...*, notions qui sont très exactement contraires à celle de l'isolement. Nous ne la réduisons pas aux frontières artificielles qui l'enferment, ce serait nier par avance les progrès dont on veut montrer la nécessité et surtout la possibilité.

Point n'est besoin de citer Pascal (1) pour expliquer que nous soyons tournés vers l'avenir. Le présent n'est qu'un pont entre le passé et les réalisations futures.

Tout est possible : la Lorraine n'a en effet ni les voies navigables, ni les routes, ni l'agriculture, ni l'industrie, ni l'équipement touristique, ni les villes qu'il lui faut, ni même l'eau.

Qu'on lui permette de se bâtir telle qu'elle le mérite, des sources de prospérité prodigieuses seront ainsi créées non seulement pour une population en plein essor démographique mais aussi pour les régions voisines et même pour l'Europe.

Car la vraie Lorraine est celle de demain, « la Lorraine possible ». Une Lorraine étriquée, une Lorraine qui a trop de jeunes et trop de vieux, cette Lorraine-là ne nous intéresse que comme une incitation à mieux faire, à créer.

Prendre la Lorraine telle qu'elle est équivaudrait à la décliner au passé. Le présent lorrain a une triste odeur de vieillerie. Il importe de changer, de renouveler, de transformer, d'innover.

La Lorraine est un pays en devenir.

---

(1) « Le présent n'est jamais notre fin : le passé et le présent sont nos moyens : le seul avenir est notre fin ». *(Pensées. Br. 172. Ch. 168)*

L 'AGRICULTURE tient une place secondaire en Lorraine :
moins de 9 % de la population en tirent leurs moyens
de subsistance.

Le chiffre de 8,9 % est une moyenne générale puisque
la proportion des paysans sur le total est de 18,4 % dans la
Meuse, de 15 % dans les Vosges, mais de 6,4 % dans la
Moselle et de 5,8 % seulement en Meurthe-et-Moselle.

Il y a de moins en moins de jeunes à la terre : les
paysans quittent la glèbe, elle ne paie pas assez. Surtout
elle payait moins que les hauts salaires de la sidérurgie ou
de la mine.

A ce sujet, nous lisons sous la plume de M. F.-H. de
Virieu :

« La Lorraine appartient avec le Massif Central, le Sud-
Ouest et les Alpes à ce groupe de régions où plus de la
moitié des chefs d'exploitation sont âgés de plus de
cinquante-cinq ans.

Attirés par les salaires de l'industrie, bon nombre de
jeunes de valeur ont déjà quitté la terre sans espoir de
retour. Un jour viendra où la population agricole tombera
en dessous du seuil qui serait souhaitable pour assurer une
bonne exploitation du sol. Il sera difficile à ce moment-là
de s'opposer à l'entrée des étrangers, et notamment des
Allemands qui, disposant de capitaux importants — ne
serait-ce que parce qu'il suffit de vendre 1 hectare en République fédérale pour dégager les ressources permettant
d'acheter 3 hectares en France — pourraient regrouper des
domaines trop petits et pratiquer une agriculture moderne.

La taille moyenne des exploitations lorraines est de
quelque 18 hectares, ce chiffre masquant de très fortes
inégalités entre la Moselle (12 ha) ou les Vosges (15 ha) et
la Meurthe-et-Moselle (27 ha), ou surtout la Meuse (35 ha),
dont les « structures de production », pour employer le
jargon des experts, sont à peu près satisfaisantes.

Les zones de labours dominants sont surtout les plateaux calcaires de l'Ouest : Pays Haut, revers des côtes de
Meuse, des côtes de Moselle, Barrois, régions à soubasse-
ment perméable, peu favorables à l'herbe.

Départements	Superficie du territoire agricole en milliers d'ha (1954)	Pourcentages du territoire					
		Labours	Pâturages	agricole		Landes et friches	Pourcentage de la forêt sur le territoire total
				Vignes	Cult. maraî-chères et fruits		
Meurthe - et - Moselle ..	332	44	44	0,6	4,3	29	7,1
Meuse	381	53	38	0,2	4,0	26	2,8
Moselle	416	48	45	0,2	4,0	26	2,8
Vosges	310	32	56	0,5	2,7	42	8,6

Les zones de prés et de pâtures (prés de fauche, her-
bages) se trouvent dans les régions siliceuses (Vosges et
Vôge) ainsi que dans certaines dépressions marneuses
(Woëvre, etc.).

On notera que l'ensemble du plateau lorrain ainsi que
la région du Sud-Ouest de la Lorraine sont privés de labours.
Ce n'est point que le sol soit rebelle à la culture. Les
pâtures et les friches envahissent ce territoire quasi aban-
donné : le dépeuplement rural ou la transformation des
activités humaines (travail industriel) ont certainement amené
les tenanciers — là où il y en a encore — à préférer des
modes d'utilisation du sol qui exigent peu de main-d'œuvre.

Il y a là un problème très grave de sous-exploitation.

Les cultures maraîchères, les cultures fruitières, les
vignobles n'ont pris que peu d'extension ou disparaissent
(il n'y a plus ou presque plus de vignoble lorrain et le vin
gris de Moselle n'est qu'un souvenir. Quand on compare
cette triste décadence avec l'extraordinaire expansion des
vins de la Moselle allemande, maintenant connus et vendus
couramment, même aux Etats-Unis, on mesure mieux le
déclin agricole de la Lorraine.) Le maraîchage n'est pratiqué
qu'aux environs des grandes villes, mais non sur le plan
industriel. Il s'agit plutôt de jardins ouvriers. Les cultures
fruitières (fraises de Metz) sont limitées. L'arboriculture
(vergers de mirabelliers) garde son caractère ancestral,
sans que la commercialisation ait été étudiée.

36

Les landes et les friches, les chaumes, qui expriment un abandon total, dépassent la moitié et même les deux tiers de la superficie agricole dans certains coins des vallées vosgiennes, de la Meuse dépeuplée et même du plateau lorrain.

Utilisation des terres labourables (en %)				
	Céréales	Cultures sarclées	Cultures fourragères	Jachères
Moselle	52	16	24	8
Meurthe-et-Moselle ..	52	10	24	14
Meuse	54	9	24	13
Vosges	50	15	26	9

Rendement et valeur des terres à blé			
	Rendement en blé (qx)	Tonnage de fertilisants (kg à 1 ha)	Valeur d'un hectare
Moselle	20	14	1 200 F
Meurthe-et-Moselle ...	21	18	1 000 F
Meuse	19	18	650 F
Vosges	21,5	15	1 000 F
A titre de comparaison Bas-Rhin	26	31	2 500 F

Le problème de la régénération des sols, de leur fertilisation, n'a pas été résolu en Lorraine de façon raisonnable. En 1962-1963, les agriculteurs de Meurthe-et-Moselle n'ont utilisé que 43 kilogrammes d'engrais par hectare de surface agricole utile, ceux de Moselle, 37 kilogrammes, ceux de la Meuse, 29 kilogrammes et ceux des Vosges, 26 kilogrammes. La moyenne de la consommation française est de 80 kilogrammes (2 kilogrammes en Corrèze, 230 kilogrammes en Seine-et-Marne).

Le paysan lorrain pratique donc une politique traditionnelle de culture extensive, avec une tendance très marquée à l'abandon pur et simple. La densité de la population agricole dans certains secteurs est tombée à 4 hommes au km² et si la jachère remplace le labour, c'est que la pauvreté des moyens a été engendrée par la pauvreté des récoltes. Le « désert lorrain » s'étend : peu ou pas d'engrais. Mais avec quoi les acheter ? Peu ou point de machines. Mais de quel bénéfice tirerait-on les investissements ? C'est un cercle vicieux. Ou plutôt le problème est posé d'une « re-structuration » des exploitations. Quand on nous parle de vendre les terres lorraines aux Allemands, on nous suggère en fait de changer la dimension et la méthode. Il aurait peut-être fallu penser aux rapatriés d'Algérie... Mais le courage du paysan lorrain est assez vivace encore pour permettre les vastes regroupements et les réalisations les plus hardies sans qu'on soit obligé de faire appel aux voisins.

La principale production lorraine reste l'élevage. Les céréales en effet ne représentent que 9,8 % du produit brut de l'agriculture régionale et l'ensemble des productions végétales 26,2 %, tandis que la production de viande, à elle seule, compte pour 33,2 % et celle de lait pour 35,6 %. La production laitière surtout s'est très rapidement accrue ces dernières années, dépassant aujourd'hui 12 millions d'hectos, soit, ce qui mérite d'être souligné, 8 % de la production nationale.

Nous emprunterons encore à M. J. Klatzmann (Localisation des cultures et des productions animales en France. I.N.S.E.E. 1955) quelques renseignements :

	Cheptel (en 1 000 têtes)					
	Chevaux	Bœufs	Vaches	Ovins	Chèvres	Porcs
Meurthe-et-Moselle .	23	1,2	66,9	63	2,8	37
Meuse	27,2	1,8	78,3	72,6	3,9	49,3
Moselle	31	2,2	146,5	80,2	19,8	193,7

En étudiant plus spécialement la densité et le rendement des vaches laitières, on note que, dans les régions à herbages et prés de fauche, certaines contrées accusent des densités élevées : la région de Phalsbourg, le Xaintois, le Bassigny, et suffisantes : Haute-Sarre, Saulnois, Woëvre, vallée de la Meuse. Dans les régions montagneuses, l'élevage a beaucoup reculé : les « hautes chaumes » ne servent plus de pâturages d'été. On trouve pourtant de hauts ren-

38

dements dans les prés irrigués autour d'Orbey, de Saint-Dié,
dans la Vôge (Val d'Ajol).

Densité de production des vaches laitières

	Nombre de vaches pour 100 ha	Production annuelle moyenne par vache	Nombre de litres de lait par jour pour 100 habitants
Vosges	34	1 425	160
Meurthe-et-Moselle ...	22	2 770	81
Meuse	21	2 930	270
Moselle	37	2 190	110
Et par comparaison :			
France entière	30	2 000	110

Il y a donc des excédents de production dans les
Vosges et surtout dans la Meuse. Ce sont deux régions où
les industries du lait ont pris une réelle importance : l'ensemble Meuse-Vosges (grâce à ses industries) est la deuxième
zone fromagère de France. La Meuse compte près de
50 fromageries : 12 500 tonnes de fromage par an (59 % de
port-salut, 33 % de brie, camembert, etc.). Dans la Vôge, la
fabrication du fromage est surtout concentrée à Xertigny
et au Tholy : géromé, camembert, carré de l'Est.

Sans nul doute, il reste encore beaucoup à faire pour
rationaliser la production laitière — et l'élevage, surtout des
bovins destinés à la production de viande (22 % en Lorraine,
contre 38 % pour la France entière et 45 % en Allemagne).

Coefficients d'intensité par groupes de régions agricoles
(d'après J. Klatzmann)

	Labours	Surface en herbe	Total	
				Au total, les sur-
Montagne vos-				faces en her-
gienne	20 400	40 600	61 000	be sont en
Plateau mosel-				augmentation
ian	60 140	20 400	80 540	(680 000 ha
Plaine lorraine.	40 600	40 800	81 000	aujourd'hui
Pays Haut ...	80 100	20 400	100 500	contre 520 000
Woëvre	40 600	40 600	80 120	en 1938) et
Barrois	40 600	10 200	51 000	sont sous-ex-
Bassigny	30 500	60 800	90 130	ploitées.

39

Enfin les forêts occupent la plus grande partie du territoire lorrain : 790 000 hectares, soit le tiers de la superficie totale (pour la France entière, la proportion n'est que du cinquième). Les zones boisées se trouvent, pour l'essentiel, concentrées dans la Meuse et surtout dans les Vosges (252 000 ha sur 590 000). Ces forêts, dont 225 000 hectares appartiennent à l'Etat et 350 000 aux départements et aux communes, produisent 1 million 200 000 mètres cubes de bois d'œuvre, 100 000 mètres cubes de bois de mine 300 000 stères de bois de papeterie et plus de 1 100 000 stères de bois de chauffage pratiquement invendable, dont une autre utilisation n'a pas été prévue.

Nous emprunterons à *la Région du Nord et du Nord-Est* (par Roland Nistri et Claude Prêcheur, 1959) certaines remarques qui résument fort pertinemment le bilan de l'agriculture lorraine d'aujourd'hui :

« S'il est vrai que l'évolution d'un milieu rural peut se traduire par l'équilibre démographique, la dépopulation ou la croissance, la Lorraine agricole est en déclin.

« On ne saurait justifier le déclin des campagnes lorraines sans les replacer dans le cadre de l'économie française, puisqu'en fait, l'évolution de l'économie française, dans son univers de sauvegarde douanière, a commandé celle du patrimoine rural lorrain (céréales à prix non rentable, mirabelles à qualités variables, maraîchage limité, viticulture abandonnée). Dès lors, il ne restait à la Lorraine que l'extension des herbages et celle des cultures maraîchères, les primeurs n'étant pas possibles sous une telle latitude, à moins d'installer des serres.

« Au moment où la France va aborder le Marché commun, il est évident que les régions les mieux placées, celles qui ont intensifié leur spécialisation au point d'obtenir des prix compétitifs, risquent de voir leur économie vivifiée. La Lorraine actuelle ne saurait en être, à moins de précipiter son évolution en s'orientant franchement vers un élevage de haute qualité et de haute rentabilité. Les services du Génie rural l'ont compris. La masse paysanne est plus longue à suivre (1). Il faut qu'elle se décide, à la croisée des chemins, et qu'elle prenne une option sur l'avenir. »

_____
(1) A ce sujet, on ne saurait trop souligner la négligence des grands propriétaires de milliers d'hectares, qui se sont désintéressés de la façon dont étaient exploités leurs immenses domaines ruraux. Ces grandes sociétés auraient pu, auraient dû généraliser l'emploi des techniques modernes. Leurs fermiers auraient fait école.

Il faut reprendre entièrement l'étude du problème agricole en Lorraine, et d'abord en poser clairement les données.

1. Lithologie. En dehors des Vosges (formations cristallines et cristallophylliennes, grès) la Lorraine est presque entièrement constituée de calcaires avec de larges bandes de calcaires marneux et de marnes argiles et marno-calcaires

Le relief lorrain (à part les Vosges), est marqué par une alternance caractéristique de plateaux calcaires, de talus et de dépressions marneuses.

N. B. : les sols lourds ont besoin d'être fréquemment aérés. Moins on laboure, plus se dégrade le potentiel agricole.

2. Climat. La Lorraine est composée de trois tranches de climat :
— les Vosges sont un îlot froid et humide;
— la partie la plus occidentale connaît relativement peu le gel, les précipitations y sont essentiellement de saison froide. C'est une zone sensible aux influences océaniques;
— la plus grande partie de la Lorraine est soumise à un climat très complexe, avec des gelées de printemps et un enneigement qui varie entre dix et vingt-cinq jours.

3. Rendement de la culture du blé :
— moyenne France = 23,5 qx/ha;
— Meurthe-et-Moselle = 24,8 qx/ha;
— Meuse et Moselle = 22 qx/ha;
— Nord de la France = 39 qx/ha.

4. L'élevage est en progression, mais pas plus que dans le reste de la France. Le haut rendement laitier de la Meuse approche les meilleures moyennes, dépasse les rendements normands. Les améliorations apportées à la race Pie noire, l'insémination artificielle, la stabulation libre sont encore insuffisamment développées.

5. Les cultures maraîchères et fruitières sont difficiles (hiver long) mais les primeurs ne sont pas la seule production possible. Il convient de noter que la Lorraine, mieux que tout autre pays, pourrait être équipée en serres chauffées à prix minime, à l'exemple des pays nordiques.

6. L'arboriculture est traitée de la façon la plus primitive. Le mirabellier, le merisier viennent naturellement.

41

7. Le remembrement, réalisé dans certaines zones (Verdun; les communes de Moselle ayant subi sous l'occupation allemande le régime de la Bauernführung; autour de Longwy, Briey, Metz, Nancy, Lunéville; le Vernois; le Xaintois), est encore loin d'avoir gagné toute la Lorraine, et ne peut même pas être considéré comme une solution suffisante. Pourquoi ne pas promouvoir la culture de grands espaces ?

8. La mécanisation est encore restreinte. Les coopératives d'utilisation de matériel agricole n'ont pas réussi partout. Plusieurs C.U.M.A. ont dû être dissoutes, notamment en Meurthe-et-Moselle.

Il y a peu de coopératives agricoles (sauf quelques coopératives maraîchères dans la région de Metz).

Il n'y a aucune coopération régionale entre les groupements de producteurs (d'ailleurs inexistants) et les coopératives de consommation des centres industriels.

Au total l'équipement rural est très retardataire.

9. Les marchés possibles :

Le lait : consommation locale.

Les produits laitiers : exportation facile vers le reste de la France, la Sarre, la Rhénanie. L'exemple est donné par la Meuse.

La viande : forte demande de la consommation locale et possibilités considérables sur les marchés sarrois, rhénans et en général allemands.

Les céréales : le rendement généralement trop médiocre des terres lorraines condamne ce type de culture qui subsiste seulement par le maintien de prix artificiels.

Les légumes et les fruits : consommation locale, possibilités réelles vers l'Allemagne et en général vers tous les pays, y compris la Grande-Bretagne, qui sont demandeurs de légumes verts et de fruits.

Les réformes à promouvoir semblent assez faciles à définir sinon à réaliser.

Tout d'abord, il faut opérer un *choix* : quelle agriculture faut-il encourager ? La réponse est certaine : l'élevage (viande), la culture maraîchère, la culture fruitière, l'arboriculture.

Ensuite, il faut agir avec la plus grande vigueur pour équiper les producteurs : centres d'études techniques agricoles, centres de comptabilité et d'économie rurale, et

42

surtout coopératives. Il faut avoir la claire vision des nécessités pratiques et savoir obliger moralement les paysans à posséder le matériel nécessaire (investissement) et à l'utiliser (label de qualité). Le Lorrain, aidé par la collectivité à s'équiper (prêts à long terme), encadré par des techniciens, aiguillonné par les prix, comprendra où est son intérêt. Il apprendra à travailler le sol, à l'enrichir par des engrais, à traiter les cultures, à soigner le bétail, etc.

Enfin, sachons copier les modèles que nous offrent nos voisins. Les Allemands ont su organiser une admirable commercialisation de leurs produits manufacturés. De même, la Lorraine doit préparer dès maintenant *l'exportation* de ses produits agricoles par des études des marchés (en France et ailleurs) et par des missions commerciales aptes à passer des contrats de longue durée.

Tels sont les trois impératifs d'une politique agricole lorraine. Pour les mettre en œuvre, une «direction de l'agriculture lorraine» aura évidemment besoin de pouvoirs spéciaux. C'est un problème politique. La politique lorraine — en dehors des partis — sera d'abord une politique de promotion agricole.

Cela veut dire qu'il faut convier les Lorrains à entreprendre tout d'abord une exploitation réelle, complète, organisée du sol lorrain. Les éléments essentiels de l'agriculture en Lorraine sont la forêt et l'élevage, un élément secondaire mais non négligeable peut être défini dans le maraîchage et dans l'arboriculture fruitière. En d'autres termes, la Lorraine doit s'équiper pour produire du bois utile, du lait et ses dérivés, de la viande de bonne qualité, des légumes et des fruits.

Avant de trouver les solutions industrielles, il est sage, même à notre époque, d'envisager les possibilités agricoles, d'en mobiliser les moyens. Pour la Lorraine, ces moyens s'appellent le développement de l'usage des engrais, la rationalisation de l'élevage, la mécanisation, l'irrigation, l'industrialisation de certaines cultures, la modernisation des procédés de commercialisation.

La situation géographique de la Lorraine est un argument souvent employé pour encourager les Lorrains à ne pas douter de leur avenir. Mais c'est un argument à peu près privé de sens pour un centre *vide*. Il faut remplir la Lorraine pour qu'elle soit un centre. La dynamique du noyau ne saurait se concevoir sans une exploitation totale des ressources. A notre époque d'urbanisation souvent désordonnée, on oublie trop volontiers ce qu'on peut appeler l'impératif agricole. C'est avec la force du bon sens que nous appelons les responsables des destins lorrains à se souvenir qu'il n'y a pas d'équilibre possible sans une harmonieuse répartition des activités et des richesses. La rénovation totale de l'agriculture lorraine est une œuvre nécessaire, urgente, primordiale.

AVANT d'analyser les problèmes industriels, un problème général — aussi important pour la vie des campagnes que pour celle des villes, aussi grave pour l'industrie que pour l'agriculture — mérite un examen complet et approfondi. Il y a en Lorraine un problème de l'eau. Il conditionne tout le développement futur.

Nous empruntons les principaux éléments de la question à une étude : « Le problème de l'eau en Lorraine » (1), publiée dans le numéro 103 de la revue *Actualités industrielles lorraines* (juin 1966). La documentation en est précise et les conclusions ne sont pas optimistes.

Et pourtant voilà plus de dix ans que le problème de l'eau a été posé, qu'il est étudié et qu'il a mobilisé techniciens, ingénieurs, savants et... capitaux. Il y a longtemps en effet que la croissance démographique (+ 12,3 % entre 1954 et 1962) et l'expansion industrielle ont posé aux responsables le problème de la protection, de la répartition (et donc de l'aménagement et de la restauration) des ressources en eau : besoins humains, besoins industriels, besoins agricoles en forte augmentation, et aussi dégradation croissante des cours d'eau par la pollution.

Les ressources en eau sont médiocres, en quantité et en qualité. L'apport total des précipitations est très faible : en moyenne de 600 mm/an à 800 mm/an.

La Lorraine est irriguée par la Meuse, la Moselle et la Sarre, rivières irrégulières et de faible débit.

Les eaux profondes dépendent des assises géologiques : il existe en Lorraine 17 couches ou assises aquifères, en bordure du bassin parisien. Sont intéressants cinq ensembles de nappes : les alluvions, les calcaires du jurassique supérieur, les calcaires du jurassique moyen, les grès rhétiens, les grès vosgiens.

Exploitable, à proximité des côtes de Meuse, de Lérouville à Dun-sur-Meurthe, la nappe des calcaires du

_____ __

(1) Documentation établie par la Mission technique de l'Eau « Rhin-Meuse », service dépendant de la Délégation à l'aménagement du territoire et à l'action régionale, sous l'autorité du Premier Ministre.

Rivière	Affluent	Nom de la station	Moyenne mensuelle	Etiage mensuel moyen	Etiage mensuel minimum (connu)
Moselle	Moselle	Noir Gueux .	18	4	1,3
		Epinal	34	19	2,5
		Velle	37	13,5	2,6
		Toul	54	25	4,5
		Pont-à-Mous-son	100	40	11,5
		Hauconcourt	106	48	14
	Meurthe	Malzeville ..	27	12	5
	Vologne	Jarmenil ...	7	3	1
Meuse	Meuse	Stenay	26	12	7
		Chooz	122	45	17
	Chiers	Chauvency .	14	5,8	—
Sarre	Sarre	Sarreinsming	7,5	2	—

La qualité de l'eau (octobre 1965) la rend impropre à l'usage domestique et même à l'usage agricole :

Rivière	Affluent	Point de mesure	Dureté	D.B.O. 5 (1)
Moselle	Meurthe	— confluent avec la Moselle	160	13,8
	Moselle	— amont du confluent avec la Meurthe (Li-verdun)	16	4,5
		— aval immédiat du confluent avec la Meurthe (Millery) .	65	7,3
		— aval Metz (Haucon-court)	56	7
		— aval Thionville (Sierck)	44	4
	Orne	Confluent avec la Mo-selle	38	5
	Sarre	Sortie de France	40	7

(1) La D.B.O. 5 est une mesure de pollution organique qui indique la quantité d'oxygène demandée par litre d'eau polluée, pour oxyder biologiquement les impuretés contenues en cinq jours. Elle est exprimée en milligrammes.

jurassique supérieur n'a été étudiée de façon approfondie que depuis 1961. Cette étude constitue une des plus belles réussites de l'hydrogéologie en France dans ces dernières années.

En effet, alors que l'on n'imaginait point que l'horizon aquifère de l'Argovo-Rauracien pût être exploitable même à échelle réduite, les campagnes systématiques de géologie-géophysique, les forages et les essais de débit effectués montrent l'existence probable, sur un bassin versant étudié de l'ordre de 300 km², d'une réalimentation journalière moyenne de 250 000 m³ dont 150 000 m³ au nord de Verdun, et 100 000 m³ au sud. Les essais de débit de très longue durée, faits quasi industriellement au nord de Verdun, y ont montré la possibilité de prélever sans dommage pour la Meuse, ni les cultures, un débit probable de 100 m³/j.

Le complexe des nappes des calcaires du jurassique moyen, situées principalement au-dessus des couches exploitables du bassin ferrifère, fournit l'exhaure des mines de fer. L'exploitation minière provoque, par le foudroyage, la rupture des couches imperméables isolant les nappes des zones exploitées, et les terrains s'égouttent alors jusqu'au fond.

Une étude complète, exécutée de 1960 à 1964, a montré que, en année moyenne, 510 000 m³/j étaient exhaurés et rejetés à la surface; à l'étiage ce débit pourrait descendre à 330 000 m³/j. Enfin, sur ce volume journalier à l'étiage, 110 000 m³ sont utilisés dès leur sortie de la mine, et le reste, rejeté à la rivière, n'est pas perdu à l'aval.

Quant à la nappe des grès vosgiens du Trias inférieur, on n'en connaît pas encore les ressources. Dans la région des houillères, une quantité de 300 000 m³/j est exhaurée ou pompée.

Mais la salinité de cette eau croît d'est en ouest, quand la couche va en s'approfondissant. Encore utilisable à Nancy, elle ne l'est plus à Metz où un forage exécuté en 1963 a trouvé une eau très abondante, mais salée à 5 g par litre.

En face de ces ressources médiocres, les besoins sont considérables et ne cessent de croître. On n'a pas chiffré les besoins agricoles, pour la bonne raison qu'ils sont très variables et surtout parce que l'agriculture lorraine n'est pas encore organisée. Mais on peut être sûr que dans quelques années, quand la Lorraine sera une région de culture et

47

d'élevage, les besoins seront fortement accrus : on peut les évaluer, rien que pour l'irrigation à proximité des cours d'eau, à quelque 800 à 900 millions de m³/an.

Les besoins industriels seront sans doute en progression :

	1966	1970
Moselle	1 087	1 331 millions de m³
Meurthe-et-Moselle ...	784	1 078 millions de m³
Meuse	17	23 millions de m³
Vosges	53	62 millions de m³

Les besoins en eau domestique (pure ou aisément transformable en eau potable) atteignent 175 millions de m³ et l'on prévoit 265 millions de m³ en 1975.

Zones	1965	1975	1985
Longwy	5	11	16
Val de Moselle (Metz et Nord) ..	38	74	97
Val de Moselle (Nancy)	39	55	72
Haut Bassin de la Moselle et de la Meurthe	16	27	42
Vallées de la Meuse et de l'Ornain	15	16	21
Région des Houillères et de Sarrebourg	31	39	51
Communes rurales de Lorraine — Moselle	14	24	33
Meurthe-et-Moselle.	7	11	15
Meuse	5	8	12
Vosges	5	9	11

On peut dire que la confrontation des besoins et des ressources fait apparaître une situation dramatique. Mais on a commencé à mettre en œuvre quelques solutions : par exemple, à Longwy, pour combler un déficit de 40 000 m³/j, on reprend les eaux de la Chiers à Montmédy, et on les remonte à Longwy par un ensemble de conduites de plus

48

de 40 kilomètres. Mais l'on a pensé aussi à acheter de l'eau à l'Ardenne belge, véritable château d'eau.

Autre opération de détail : Nancy (qui aura besoin de 250 000 m³/j en 1985) va construire un troisième aqueduc de 10 kilomètres pour amener de l'eau pompée dans la Moselle en amont de son confluent avec la Meurthe.

Mais là où le problème est le plus grave, à un point tel qu'il paraît sans issue, c'est dans la région de Metz et de Thionville. Il semble que la salinité des eaux de pompage fasse reculer les experts. On en viendra bien un jour à envisager sérieusement de les dessaler. Pour le moment, Metz va capter le Rupt de Mad, créer un réservoir et en refouler l'eau (conduite de 15 kilomètres) jusqu'à une station de traitement. Cela procurera de quoi boire (et produire) jusqu'à 1975 (90 000 m³/j). Cette « petite » solution ne sera certainement pas suffisante. On reviendra alors aux eaux salées, qu'on épurera et à la Moselle, qu'on dépolluera.

Pour approvisionner la région de Thionville et la vallée de la Fensch, on pense à une adduction au départ de la nappe des calcaires de la Meuse : l'eau captée serait refoulée au-dessus des côtes de la Meuse, envoyée vers Fontoy. Cette opération nécessite 50 kilomètres de conduites, des usines de pompage, des réservoirs, mais l'eau est pure et mérite donc d'être ainsi récupérée et distribuée.

Les autres travaux envisagés sont à la fois immenses et nombreux :
— approvisionner Bar-le-Duc, Pont-à-Mousson, la vallée de l'Orne ;
— rendre potable l'eau de la Moselle ;
— restaurer la qualité des eaux de la Rosselle, de la Fensch, de l'Orne, de la Meurthe, de la Meuse, de la Sarre ;
— assainir méthodiquement (usines d'épuration).

Parmi les plus grands travaux, à buts multiples, on aura intérêt à hâter la régularisation du débit de la Moselle et à faire la même opération pour l'Orne.

« La Moselle a un débit irrégulier, faible à l'étiage, trop fort en crue. Son augmentation à l'étiage permettrait de diminuer corrélativement le degré de pollution, de mieux répondre aux besoins industriels, ou aux besoins agricoles, de procurer une source froide plus abondante aux centrales thermiques actuelles (Blénod, Richemont) et futures (La Maxe), de compenser le débit évaporé par cet usage de refroidissement (jusqu'à 4 m³/sec), de compenser entre Mes-

4

sein, lieu de prise, et le confluent de la Moselle avec la Meurthe l'accroissement du débit prélevé pour les besoins en eau de Nancy sur la Meurthe et, enfin, de permettre la navigation à l'amont de Liverdun.

Un aménagement de sites de réservoirs sur la Meurthe et la Moselle est étudié à cet usage. Les sites les plus intéressants seraient ceux de Barbas et Biémeray, sur la Meurthe, permettant, le premier un stockage de 9 millions de m³, le second de 10,3 millions de m³, de Belbriette et Froville, dans le bassin de la Moselle, le premier pour 14 millions de m³, le second pour 11 millions de m³. Ces réservoirs ne permettront pas, toutefois, d'améliorer le débit sur l'intégralité du cours de la Moselle.

Le débit de l'Orne doit être accru à l'étiage pour lui permettre principalement de répondre aux besoins de l'industrie et, en particulier, de l'industrie sidérurgique. Cet accroissement permettrait corrélativement de répartir de meilleure façon l'eau entre les différents utilisateurs, l'eau d'exhaure des mines allant aux consommateurs domestiques, l'eau de l'Orne étant utilisée pour l'industrie.

Un barrage-réservoir, situé dans l'étang de Lachaussée, dans la Woëvre, est envisagé dans ce but. Sa capacité totale pourrait être de l'ordre de 10 millions de m³.

En outre, la lutte contre les crues de l'Orne pourra peut-être se trouver facilitée par des aménagements de cette rivière. Ces aménagements seront toutefois difficiles à réaliser, car le lit de ce cours d'eau ne semble pas étanche. »

Tout cela va coûter cher. Très cher en très peu de temps, car il faut que les travaux soient terminés avant 1975. La charge financière, qui sera d'à peu près 500 à 600 millions de francs, pèsera sur les bénéficiaires (industries et consommateurs) mais sera certes acceptée sans opposition car la pénurie d'eau est le plus grand danger qui menace la Lorraine, un danger grave, irrémédiable si l'on ne prend pas dès maintenant toutes les dispositions techniques, même les plus audacieuses, qui s'imposent aux industries comme aux communes.

Les projets actuels ne visent pas au-delà de 1975, 1980. Au fond il s'agit surtout, disons-le carrément, de répondre aux besoins actuels plutôt qu'aux besoins de l'an 2000. En pareille matière, les responsables voudraient bien pouvoir dire : « Après nous, le déluge ! » Mais ne spéculeraient-ils pas sur la stabilisation et même peut-être sur la diminution des besoins ?...

C'est le deuxième cercle vicieux du destin lorrain : pas de développement si l'on n'a pas l'eau en surabondance, mais aussi pas besoin de davantage d'eau si l'on ne doit pas se développer,

— si la sidérurgie ne se développe pas (si elle émigre vers des régions portuaires, par exemple),

— si les industries de transformation ne s'installent qu'en petit nombre,

— si les Lorrains émigrent vers d'autres régions d'Europe.

Mais, si l'on ne donne pas d'eau à la Lorraine, les solutions de la stagnation ou de la décadence sont les seules qui puissent être envisagées, et le tour est joué.

Il faut donc que, grands projets industriels ou non, la Lorraine dispose dès 1980 de *trop d'eau*. Pour pouvoir s'accomplir et devenir elle-même, la Lorraine doit non seulement restaurer et mobiliser toutes les ressources immédiates, mais en *créer* de nouvelles. Les quinze années qui viennent seront consacrées à « faire de l'eau ». Sinon, la Lorraine sera stérilisée.

LES EAUX DU BASSIN LORRAIN

(en surface)

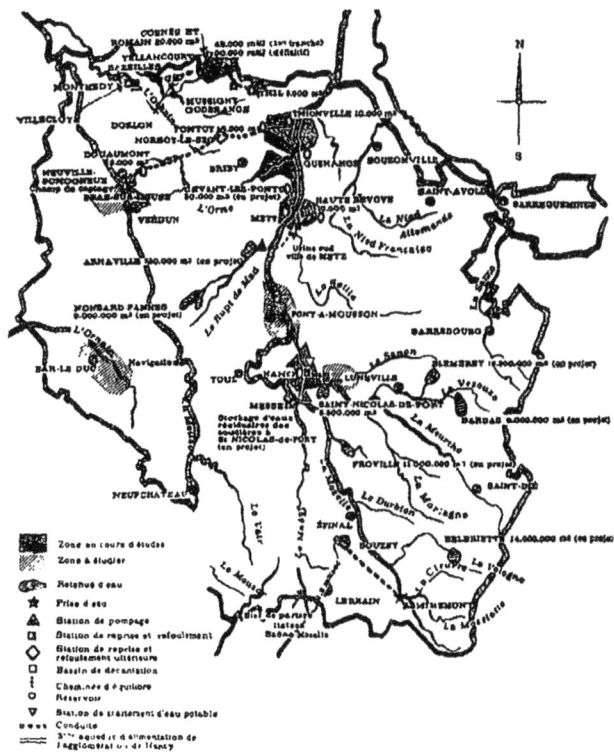

RESSOURCES
EN EAUX SOUTERRAINES

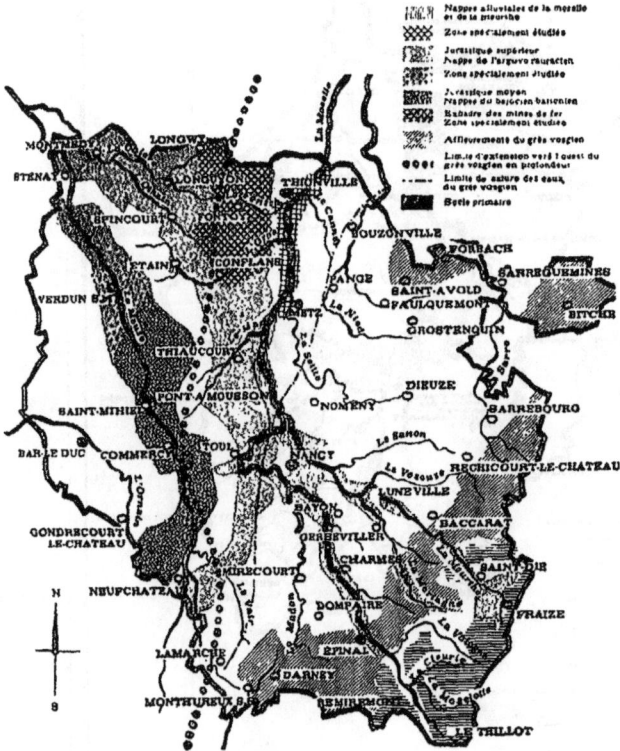

DIRE de la Lorraine qu'elle est un lieu de passage, rappeler qu'elle est à l'embranchement de voies entre le Nord et le Sud, entre l'Est et l'Ouest, ce ne sont que banalités. Personne ne saurait discuter ces vérités premières. Le malheur est que le passage est difficile, sinon pratiquement impossible et que le plus simple est de contourner la Lorraine.

Quelle est la situation ?

1° Voies ferrées. L'infrastructure du réseau a été déterminée par l'importance du trafic de marchandises : volume transporté dans certains secteurs, tonnage dans d'autres. Certains tronçons ont 3 et même 4 voies (entre Thionville, Metz et Lérouville), sont électrifiés ou en cours d'électrification : Paris-Nancy-Strasbourg, Luxembourg-Thionville-Metz-Nancy et Metz-Sarrebourg, Nancy-Conflans-Longuyon, la Rocade-Thionville-Valenciennes, Paris-Metz. Cette électrification a été justifiée par le tonnage acheminé journellement.

Les trois gares à plus gros trafic marchandises en France sont : Longwy, Strasbourg (qui bénéficie des courants issus de Nancy, Sarrebourg et Sarreguemines) et Thionville. La Lorraine fournit près de 40 % du tonnage transporté par la S.N.C.F.

Cette situation s'explique par le quasi-monopole de transport qui fut longtemps le privilège des chemins de fer. La canalisation de la Moselle d'une part, la création de gazoducs et d'oléoducs d'autre part seront de nature à alléger la charge de la S.N.C.F. Dans la recherche du plus bas prix, c'est un premier pas.

2° Le trafic routier. Le réseau routier est d'origine très ancienne. Aujourd'hui au centre d'une zone économique active (Allemagne, Belgique, Suisse), la Lorraine était autrefois une zone de passage préférentielle entre la Méditerranée et le Nord-Ouest de l'Europe : les voies romaines empruntaient les vallées de la Meurthe et de la Moselle (importance de Metz).

Les principaux axes de la circulation routière sont :

— d'est en ouest : Strasbourg-Sarrebourg-Nancy-Saint-Dizier et Saarbrücken-Metz-Verdun ;

— du nord au sud : Thionville-Metz-Nancy et Nancy-Epinal-Mulhouse-Bâle.

La circulation est dense. L'intensité moyenne de circulation de la Moselle et de la Meurthe-et-Moselle est très nettement supérieure à la moyenne française. (Par contre, la Meuse et les Vosges sont en retrait). L'intensité de la circulation atteint actuellement :

— près de 12 000 véhicules par jour entre Metz et Thionville ;

— plus de 6 000 véhicules par jour entre Metz et Pont-à-Mousson ;

— plus de 7 500 véhicules par jour entre Forbach et Saint-Avold.

Le programme d'autoroutes (loi du 10 décembre 1955) prévoit la construction d'autoroutes entre Nancy et Thionville, entre Metz et Saarbrücken. Et si Metz-Thionville est à peu près en service, où en est-on pour le reste ?

D'ailleurs le problème est infiniment plus vaste. Il n'est pas possible de le réduire aux proportions d'un besoin local ou même régional. La Lorraine, qui possède la vocation physique d'une zone de passage, doit se mettre à l'heure de l'Europe. Les autoroutes suivantes lui sont indispensables :

— d'est en ouest : Strasbourg-Sarrebourg-Nancy-Saint-Dizier-Paris, avec une antenne Metz-Commercy-Saint-Dizier ;

— du nord au sud : Luxembourg (point de jonction des routes de Bruxelles et Liège d'une part, de Cologne d'autre part) - Thionville-Metz-Nancy-Dijon-Lyon, avec une antenne Metz-Strasbourg.

Cette voie nord-sud aura un rôle international de première importance. Elle devrait être entreprise et menée avant même les voies destinées aux exodes annuels des « vacanciers parisiens ». Elle présente en effet un intérêt économique incontestable : elle est « la » route du Marché commun. (Ajoutons que pour les Européens du Nord — Belges et Hollandais, Danois, etc. — qui se rendent vers les pays du soleil, cette voie serait une variante appréciable du point de vue touristique par rapport aux autoroutes allemandes. Cela ne devrait-il pas intéresser la Bourgogne, la vallée du Rhône, la Provence, etc. ?)

Les retards s'accumulent. La loi de finances de 1966 a engagé seulement 3,6 % de la dépense prévue pour relier

Nancy et Metz et 10 % de celle qui est nécessaire pour réaliser Metz-Saarbrücken.

Ce n'est pas pour la Lorraine uniquement qu'il faut construire des autoroutes. Elle en bénéficiera, cela est évident, mais avec elle ne voit-on pas que toute la France en tirera profit ? Les grands courants routiers passent dès maintenant à l'est de la France : les grandes autoroutes allemandes drainent les usagers de tout le nord de l'Europe et les déversent sur la Suisse et sur l'Italie. La voie lotharingienne n'est plus à l'ouest des Alpes et du Jura mais va passer par Bâle, Berne et de là vers le Simplon et vers Gênes. Par contre, réaliser Saarbrücken-Metz-Nancy-Dijon-Lyon, c'est attirer une « clientèle ». (Non, ce n'est pas une question de trains rapides).

3° La seule grande voie navigable à l'Est est le Rhin, accessible aux gros chalands de 2 000 à 3 000 tonnes que rejoint la Moselle canalisée (à l'aval de Thionville, bientôt de Frouard et peut-être de Toul) où peuvent circuler des chalands de 1 350 tonnes.

Sur l'axe du canal de la Marne au Rhin (au gabarit de 350 t) sont greffées trois voies en direction du nord :
— la Moselle canalisée ;
— le canal des Houillères, qui rejoint la Sarre à Sarreguemines ;
— le canal de l'Est branche Nord, latéral à la Meuse, qui rejoint la Meuse canalisée à Stenay.

En direction du Sud, une seule voie : le canal de l'Est branche Sud, de Toul à Corre, (avec embranchement sur Epinal), qui rejoint la Saône canalisée. Un embranchement relie le Canal de l'Est, au sud de Nancy, au Canal de la Marne au Rhin.

Que transportent ces voies ?
— Matériaux de construction (surtout sur le canal de la Marne au Rhin) :
— Sel et soude (ports de Dombasle, Varangéville et St-Nicolas-de-Port) ;
— Charbon ;
— Minerais de fer ;
— Bauxites ;
— Résidus de pyrites, pyrites grillées ;
— Articles métallurgiques.

Que vaut ce réseau ?

En dehors de la Moselle canalisée (gabarit de 1 350 t), c'est un réseau mineur et en somme périmé. Il date de 1855 à 1884. Il est pratiquement inutilisable, comme le prouve la prédominance des transports par voie ferrée (500 %).

La Lorraine se trouve donc à l'écart des grands courants internationaux.

Les courants charbonniers sont divers :

— le plus important ne concerne pas ou à peu près pas la Lorraine. Le Rhin (de Rotterdam : charbon américain, et de la Ruhr) transporte les péniches de charbon jusqu'à Strasbourg et à Bâle ;

— le charbon sarro-lorrain emprunte le Canal des Houillères et le Canal de la Marne au Rhin, surtout en direction de Strasbourg et aussi un peu vers Paris et vers Lyon ;

— le charbon sarrois vers les utilisateurs lorrains ;

— quelques rares péniches de charbon vont de Montceau-les-Mines jusqu'à Pont-à-Mousson, etc.

Les courants des matières premières de la métallurgie sont relativement faibles en Lorraine :

— ferrailles venant de Paris en direction des hauts fourneaux lorrains ;

— minerai de fer, pyrites, etc., en direction de Strasbourg puis de l'Allemagne ;

— minerai de fer, etc., par la Moselle canalisée.

Il est évident que la pauvreté du réseau fluvial lorrain explique que les routes du fer et du charbon ne passent pas par la Lorraine. Nous voyons bien que le canal est la clé de prix de revient plus bas. Alors que Dusseldorf (port de mer !), la Ruhr et Francfort, Ludwigshafen et Stuttgart disposent de voies fluviales à grand gabarit, la Lorraine n'est encore que pauvrement reliée au Rhin (c'est-à-dire à la Mer du Nord) par une Moselle canalisée jusqu'à Thionville. Elle n'a aucun débouché valable pour ses approvisionnements et ses expéditions ni en direction de Paris ni en direction de Liège ni en direction de Strasbourg ni en direction de Lyon. Une place forte ou une prison...

Les liaisons routières et fluviales à travers la Lorraine sont encore l'objet d'un débat. Rien n'est vraiment décidé. Le 23 avril 1966, M. Edgard Pisani, ministre de l'Équipement, prenait parti avec une véhémence et une franchise extrêmes :

« Il est inutile de me demander des crédits pour la liaison Mer du Nord-Méditerranée. Ce projet est parfaitement utopique. Dans toute la mesure de mes moyens, je m'opposerai à sa mise en œuvre. »

A quoi le maire de Nancy ripostait dans une lettre ouverte au général de Gaulle :

« Vous le savez, Monsieur le Président de la République, et c'est l'histoire avec sa sévérité et sa rigueur qui s'est chargée de nous l'apprendre... La Lorraine est un lieu de passage.

« Eh bien ! maintenant que grâce à une politique de sagesse la paix est assurée, c'est à l'économie de s'installer sur les voies de passage et de prendre définitivement la relève pour le bien-être des humains. Quoi qu'en puissent songer certains, la voie d'eau n'est pas périmée, elle demeure, source de richesse économique... Et il n'est que grand temps de réaliser, en cette deuxième moitié du XX' siècle, le projet déjà pensé par les généraux romains occupant notre région, au cours des années 56 et 58 (Tacite - Annales - Livre XIII - Chapitre LIII).

« Equiper le Nord-Est, le relier au Sud, le relier aux réseaux européens, voilà l'ambitieux, mais indispensable projet qui mettra en valeur économique nombre de nos régions qui attendent avec espoir des crédits et non leur suppression. »

M. André Grandpierre venait à la rescousse et plaidait pour l'axe Mer du Nord-Méditerranée et M. Sudreau pouvait annoncer, en mai 1966, que M. Pisani était revenu sur ses premières affirmations et que les crédits seraient augmentés. C'était une promesse consolatrice... mais assez vague. Il faudrait 4 milliards de francs (le coût du métro express parisien) pour désenclaver la Lorraine.

Quel est le problème ?

Dans le monde concurrentiel où nous vivons, tout ce qui concourt à l'établissement d'un prix de revient prend une importance majeure. La notion d'éloignement a fait place à celle d'accès : il y a des pays lointains qui sont d'accès commode. La Lorraine est un pays sans accès. Tant que la France était défendue par des barrières douanières, les prix ne comptaient guère, parce que le marché français était en somme un marché aux prix imposés. Le Marché commun change tout cela. Il faut pouvoir transporter beaucoup à la fois et à bon marché. Il faut éviter ou réduire les ruptures de charge. Comment lutter contre la concurrence

59

des zones qui peuvent s'approvisionner facilement en minerai riche et expédier à bas prix leurs produits ?

La tentation sera bien grande pour les sidérurgistes lorrains de transplanter leurs hauts fourneaux et leurs laminoirs dans des zones portuaires où ils trouveront plus d'avantages qu'en Lorraine. Pendant combien de temps croiront-ils que leurs ouvriers ne voudront pas quitter le sol natal ? Ou qu'ils ne pourront pas les remplacer par d'autres, nés sous d'autres cieux ?

Le problème des communications et plus précisément des liaisons fluviales est le problème crucial de la Lorraine. Il est intimement lié à celui du minerai de fer et le destin des houillères dépend de la solution qui sera adoptée. Si la Lorraine ne peut pas bénéficier de voies très économiques, elle est condamnée. A plus ou moins longue échéance, l'industrie lourde émigrera.

Quand on essaie d'examiner tous les aspects de cette question, de ne plus la voir en Lorrain, mais de l'analyser impartialement, la terrible boutade de M. Pisani s'explique et même se justifie. S'il est vrai que la France devra dépenser 4 milliards de francs lourds pour apporter un peu d'oxygène à la sidérurgie lorraine, on peut se demander si le déménagement de la sidérurgie ne coûterait pas moins cher.

Et tant pis pour la minette ?

Et tant pis pour les mineurs du fer et du charbon ?

Et tant pis pour les ouvriers des hauts fourneaux et des laminoirs ?

Voilà vraiment où en est la Lorraine si l'on décide — et la décision finale ne dépendra pas des Lorrains — que le fer mauritanien et le charbon à coke américain sont plus économiques, plus rentables que le fer lorrain et le charbon lorrain.

Mais si l'on pense que le charbon lorrain est un atout maître dans la lutte concurrentielle de demain et que la minette a encore ses chances, moyennant de grands progrès techniques dont on essaie actuellement de préciser l'application, alors, il faut donner à la Lorraine toutes les voies de communication qui lui manquent et créer le réseau, le très large réseau, de canaux qui lui permettra de recevoir et d'expédier aux moindres frais.

Et pour que ces frais soient vraiment aussi bas que possible, il importe que la Lorraine ne soit pas prisonnière d'un seul accès (la Moselle) mais qu'elle puisse mettre en concurrence des accès, c'est-à-dire des ports rivaux. Qui dit Moselle dit en fait Rotterdam. Il faut donner à Anvers le moyen de concurrencer Rotterdam. Il faut même donner à Marseille la chance de mesurer ses prix aux prix des ports de Belgique et de Hollande. (1)

Le système mosan a l'avantage de mettre la Lorraine en relation directe avec des ensembles économiques, le Borinage et la Campine, et même avec la Hollande, qui n'a pas avec elle des rapports suffisants. Alors que la frontière germano-française est perméable (relations entre la Lorraine et la Sarre d'une part, la Ruhr d'autre part), il semble qu'on ait maintenu une sorte de barrière entre la Lorraine et la Belgique.

La première amélioration à entreprendre dans le réseau fluvial lorrain est sans doute la canalisation de la Meuse française au gabarit de la Meuse belge.

L'intérêt de la Lorraine rejoint celui de la Belgique et de la Hollande. Mais c'est également l'intérêt bien compris des régions que doit traverser le futur axe Mer du Nord-Méditerranée. La solution de facilité consiste à réaliser la liaison Lyon-Nancy ou Lyon-Mulhouse-Strasbourg et à laisser de côté les régions « sous-développées » (disons-le crûment) de la vallée de la Meuse. C'est une erreur et ce serait une faute grave. Bien que le problème Sedan-Givet dépasse le cadre de notre étude, il n'est pas interdit de l'évoquer. De plus, comment ne pas être touché par le drame de la dépopulation qui transforme actuellement toute une importante région lorraine ? Verdun, Bar-le-Duc, Commercy sont en passe de devenir les capitales d'une sorte de désert. On parle à bon droit « du désert lorrain », dont une partie se situe le long de la Meuse : pas de route, pas de voie ferrée, un canal rétrograde...

Il y a tout à faire dans la vallée de la Meuse, mais il est impossible de rien faire si on se contente des souvenirs de la guerre de 14-18 pour nourrir les Meusiens.

---

(1) A ce sujet, l'avenir de Marseille, ex-grand port français, est discutable. La concurrence de Gênes qui vise à devenir le principal port de l'Europe sur la Méditerranée, grâce à ses installations et à originales solutions douanières d'entreposage et de transit, est une menace pour Marseille qui a certainement besoin de devenir l'accès commode et économique pour l'ensemble méditerranéen et pour l'Europe occidentale. La Lorraine comptera beaucoup pour Marseille.

La Meuse est une voie naturelle qu'il faut utiliser, voie de pénétration pour les Belges et les Hollandais, débouché pour les Lorrains et aussi pour les pays plus au sud (1). C'est une grande voie d'échange qui, si on l'ouvrait, contribuerait à l'expansion industrielle et agricole de vastes régions qui sont aujourd'hui tenues à l'écart des grands courants économiques.

Le système mosan n'est qu'une branche du dispositif qu'il faut créer. Si nous admettons que Nancy - Metz - Thionville, la future métropole, est située sur un embranchement, nous ne pouvons pas ne pas voir que les voies sont Nancy - Namur, Nancy - Metz - Moselle et Rhin, Nancy - Saône - Rhône - Marseille. Voilà le carrefour continental créé, voilà les artères d'une extraordinaire irrigation des économies régionales, voilà les grandes lignes d'un marché occidental d'échanges et d'expansion.

On parlera plus tard d'une liaison Seine - Moselle. Elle s'imposera un jour sans doute, mais il faut aller au plus pressé. Et il vaudrait mieux ne pas attendre que la Lorraine fût hors de course pour chercher à la ressusciter. La canalisation de la Moselle atteindra Frouard en 1970, Neuves-Maisons en 1973, et si l'on veut se diriger vers la Saône, il faudra, à l'allure actuelle des travaux, attendre 1990 pour aborder Charmes, 2010 pour apercevoir Epinal... Des crédits considérables sont nécessaires : les limiter à quatre cents ou à six cents millions sur cinq ans, c'est en fait affirmer par prétérition qu'on ne veut pas réaliser la liaison Mer du Nord - Méditerranée.

En somme le plus urgent est sans nul doute de convaincre les responsables de l'aménagement du territoire et d'abord le maître d'œuvre, le Premier Ministre, que la construction des axes fluviaux de la zone Est de la France est une œuvre urgente et vitale.

Pour quiconque veut examiner froidement le problème du désenclavement de la Lorraine, une double vérité d'évidence saute aux yeux :

1° jusqu'à présent on n'a rien fait (réalisations très insuffisantes = 0);

----

(1) Voir études de M. A. Delmer et en particulier : la Communauté européenne du charbon et de l'acier, les transports par eau : la Meuse. le Rhin, la Moselle (Annales des travaux publics de Belgique, juin 1953); Le Bassin terrière lorrain et la Meuse (Annales des mines de Belgique, janvier 1958).

2° ce n'est pas un problème purement lorrain, c'est un problème qui intéresse l'avenir de toute la partie est de la France.

Et quand bien même l'industrie du fer devrait subir une mutation immense, très difficile (et tragique), cela change-t-il un iota à la nécessité d'ouvrir le carrefour lorrain à la circulation et aux échanges ?

Ne pas faire les canaux lorrains, c'est dans la partie de cartes économique qui est déjà commencée, jouer la France perdante.

L A Lorraine est un des territoires les plus peuplés, sinon d'Europe, du moins de France. C'est presque de la démographie galopante. Il fut un temps où l'on s'en serait félicité. Mais l'augmentation de la population et plus particulièrement de la population jeune est un drame. On dénonce la surpopulation, on déplore la crise de l'emploi. Le fait est là : dès 1967, la Lorraine ne peut plus nourrir les Lorrains. Devront-ils aller trouver ailleurs le pain quotidien ?

EVOLUTION PROBABLE DE LA POPULATION ACTIVE				
SECTEURS	1962 (sondage au 1/20 du recensement	1970		
		Prévisions I.N.S.E.E. (été 1965)	Evaluations extrêmes	Evaluation moyenne
Primaire	87 000	63 000	63 000/ 70 000	70 000
Secondaire	344 000	364 000	350 000/360 000	354 000
dont sidérurgie	120 000	126 000	—	113 000
— mines de fer	38 000	31 000	—	30 000
— houillères	42 000	39 000	—	38 000
— textile				
Bâtiment et T.P.	83 000	96 000	85 000/ 95 000	90 000
Transports	34 000	37 000	36 000/ 37 000	37 000
Télécommunications	10 000	13 000	11 000/ 12 000	12 000
Tertiaire	262 000	320 000	320 000/325 000	322 000
Ensemble de la population active travaillant en Lorraine (1)	820 000	893 000	875 000/890 000	885 000
Lorrains frontaliers travaillant en Allemagne, au Luxembourg ou en Belgique	4 000	—	15 000/ 35 000	26 000
Soldats du contingent	27 000	16 000	13 000/ 16 000	14 000
Chômeurs	6 000	937 000	19 000/ 38 000	24 000
Total	857 000	—	922 000/979 000	949 000

L'évaluation du nombre des chômeurs varie d'ailleurs selon les auteurs. Il y a peu, les syndicats faisaient état de 80 000 chômeurs possibles, dans un très bref délai. Il est en tout cas prouvé qu'actuellement il y a plus de 30 000 chômeurs, et ce ne sont pas des chômeurs professionnels.

Les frontaliers étaient 4 000 en 1962. Ils sont 20 000 en 1966, et même davantage, au plus grand bénéfice de recru-

teurs ou négriers qui espèrent bien vendre aux entreprises
sarroises, luxembourgeoises et belges plus du million de
journées de travail par mois. On reconnaîtra que cela fait
vivre des Lorrains, mais en quoi cela améliore-t-il le potentiel lorrain ?

LES AIRES DE PEUPLEMENT EN LORRAINE
ET L'AIRE MÉTROPOLITAINE :
THIONVILLE - METZ - PONT-A-MOUSSON - NANCY

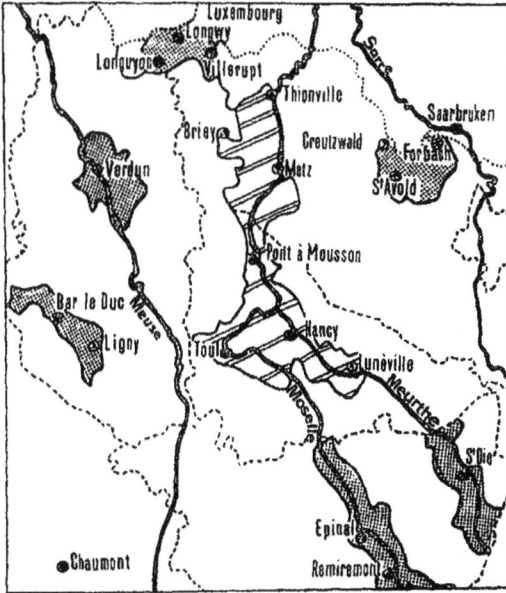

L'aire métropolitaine (de Thionville à Lunéville) comprend déjà près
de 850 000 habitants, on prévoit qu'en 1985 cette agglomération linéaire
pourra réunir un million et demi de Lorrains.
La carte montre l'urgence de l'autoroute Nancy-Thionville qui fait
partie des objectifs du V° Plan. Elle prouve aussi l'importance des voies
fluviales, véritables rues.

66

En fait, la Lorraine vit sous la menace d'un chômage très étendu, puisqu'on évalue la population active en 1970 a quelque 970 000 personnes tandis que les possibilités d'emploi, dans l'état actuel des choses, ne dépasseront pas 880 000.

Les Lorrains sont trop nombreux. La population totale, qui était de 1 956 000 en 1954, a atteint 2 194 000 en 1962 (taux d'accroissement : 12,3 %, contre un taux national de 8,1 %) et l'on « espère » qu'elle sera de 2 478 000 en 1970.

Les Lorrains sont jeunes : 50 % ont moins de trente ans (moyenne nationale : 44,5 %), 37,6 % ont moins de vingt ans (moyenne nationale : 33,4 %).

Aucun commentaire de ces chiffres ne saurait traduire l'atroce contradiction qui oppose ce qui devrait être une bénédiction, une source de prospérité et ce qui va être, ce qui est déjà une abominable déception.

Nous entendions dernièrement un brillant inspecteur des Finances, parachuté dans les bureaux directoriaux d'un établissement de crédit nationalisé, traiter ce terrible problème de la surpopulation avec un aimable détachement. Et pourtant cet important est de souche lorraine... (Il ne faut pas, sans doute, que le drame lorrain émeuve ceux qui sont plus ou moins chargés de l'administrer, à défaut de pouvoir y porter remède...)

Ce n'est point qu'on n'ait pas prévu de remède. La création de nouveaux emplois est à l'ordre du jour. La diversification des activités l'est aussi. Mais le louable effort qui est dès maintenant confié à un homme, sorte de *deus ex machina*, M. Quesnel, qui a fait ses preuves au Boucau, se rend-on compte de sa dimension ? et de ses difficultés ?

Car les Lorrains, malheureusement, ont trop souvent sacrifié les études et même la seule formation professionnelle à l'appât des salaires élevés. On préférait abandonner prématurément le collège technique ou le lycée pour gagner largement avec le minimum de fatigue. Les mines et les entreprises sidérurgiques n'ont pas poussé les jeunes à apprendre, à se former. Le résultat est que les « tertiaires » ne sont que 12 % de la population en Lorraine contre 17 % en Provence, par exemple, et surtout que la qualité intrinsèque de ces pseudo-cadres est très médiocre.

L'abaissement du niveau intellectuel moyen est sans doute ce qu'il y a de plus triste : il y a en Lorraine moins de professeurs et d'instituteurs, moins de médecins, moins de comptables, moins d'ingénieurs, proportionnellement à la population, que dans le reste de la France.

C'est une décadence honteuse et quasi irrémédiable. Mais y a-t-il un désastre sans remède en Lorraine ?

CETTE dégénérescence intellectuelle n'a pas en effet que des conséquences instantanées. Si cruelles qu'elles soient pour la jeune génération qui arrive à l'âge de l'activité, elles seront beaucoup plus lourdes dans quelques années. L'ère du travail manuel est passée. Qui voudra vivre devra être capable de penser, de comprendre, de calculer. Les Lorrains ou du moins de nombreux Lorrains sont-ils condamnés au chômage pour n'avoir rien appris, pour n'être que des ignorants ? C'est le moment sans doute de se gargariser avec de belles phrases sur la jeunesse de la population lorraine, sur « sa grande habitude de l'effort » et sur « la détermination de ses responsables ». Mais de tels cataplasmes ne guériront pas un mal si profond, parce que ce qu'il y a de grave, précisément, c'est que les jeunes Lorrains ont perdu « la grande habitude de l'effort » que cultivaient leurs pères. Le progrès technique aura pour effet de rendre inaptes un nombre important d'hommes qui ne pourront pas être rééduqués, à cause de leur âge. Ils sont condamnés à devenir une charge pour la société. On peut seulement souhaiter que les progrès nécessaires, dont la crise actuelle va hâter l'application, permettent encore aux ignorants de trouver quelque occupation jusqu'à une retraite prématurée.

Quant aux jeunes, c'est-à-dire aux hommes qui sont encore capables de faire un effort intellectuel, seule une politique de rééducation et d'éducation peut les sauver de la médiocrité, de l'inutilité. Et pour ce qui représente vraiment l'avenir, pour les enfants et pour les adolescents, il est certain qu'ils seront éduqués, instruits, formés. Rien n'est totalement perdu.

Le taux de scolarisation des enfants de onze à dix-sept ans, pour la Lorraine, est de 41 %, ce qui est nettement inférieur à la moyenne nationale (49 %). Mais les déséquilibres entre les divers départements sont considérables. Si en Meurthe-et-Moselle et dans les Vosges les proportions sont proches de la moyenne (45,6 % et 44,5 %), elles tombent à 38,5 % dans la Meuse et 37,1 % dans la Moselle. Ces statistiques tiennent compte de l'enseignement public et privé. Or ce dernier est important en Moselle, l'industrie assurant une bonne part de la formation technique. Il en

69

résulte que 25,4 % seulement des enfants de onze à dix-sept ans sont accueillis dans des établissements publics.

Tandis que dans le Haut-Rhin, par exemple, les entrées en classe de sixième ont augmenté de 72 % entre 1959 et 1963, la Moselle n'a vu qu'une progression de 45 %, malgré l'énorme crue de la population.

Le taux de scolarisation pour la sixième en Moselle est actuellement l'un des plus faibles de France : 44 % (en comptant les établissements privés) contre 47,6 % dans le Haut-Rhin, 51,7 % en Meurthe-et-Moselle et 69,9 % dans la Seine.

Pour combler ce retard — la réforme de l'enseignement prévoit que la totalité des enfants d'une classe d'âge devront entrer en sixième — tout en tenant compte de l'exceptionnel taux d'accroissement de la population mosellane, il faut mettre en place un réseau complet de collèges d'enseignement général et secondaire.

Pourquoi mettre l'accent sur la Moselle ? C'est que cette précieuse part de la Lorraine a été arbitrairement rattachée à l'Alsace pour des motifs à la fois linguistiques et religieux. Il est trop humain que les autorités strasbourgeoises aient eu plus de dilection pour la plaine alsacienne : peu de crédits sont allés vers la Lorraine qui souffre du manque de locaux scolaires. On peut accuser l'inertie des municipalités et des élus cantonaux, l'indifférence des industriels qui peut-être préféraient avoir sous la main une main-d'œuvre docile, sans ambition et sédentaire. Il n'en est pas moins vrai qu'en cette affaire les pouvoirs publics ont tourné le dos à leur devoir. Il faut construire et il est urgent de placer des maîtres : le premier cycle du secondaire et l'enseignement technique court ont besoin de toits et d'enseignants. (1)

Il est entré cette année près de 25 000 enfants en sixième. Il faudrait en accueillir plus de 90 000 en 1970. Pour cela la commission de la carte scolaire a prévu que 117 établissements de premier cycle (13 C.E.G. et 104 C.E.S.) devraient fonctionner, or il n'en existe qu'une trentaine : 87 établissements nouveaux sont donc à créer. Ce n'est certes pas au rythme actuel de construction de deux à quatre établissements par an en Moselle que ces objectifs seront atteints. Autre problème difficile : le recrutement des pro-

---

(1) 11 650 places nouvelles devront être ouvertes dans les C.E.T. en Lorraine d'ici à 1970, dont 7 500 pour la seule Moselle.

fesseurs certifiés. Les candidats sont rares et le nombre d'étudiants originaires de Moselle est faible.

Oserons-nous comparer l'effort de structuration faiblement amorcé en Lorraine, dans les quatre départements, et plus précisément en Moselle, dans la Meuse et même dans les Vosges, avec la juste largesse des concours que la France a accordés au Maroc, à l'Algérie et à toutes les anciennes colonies ? Eduquer un jeune Lorrain est plus important que d'apprendre l'alphabet aux jeunes Congolais. Certes la mission civilisatrice de la France présente un intérêt majeur à long terme, mais on conviendra que le sauvetage de la Lorraine ne saurait souffrir le moindre retard.

Les jeunes adultes méritent aussi que l'on se penche sur leur cas. Tout reste à faire. Pour former ou pour parfaire la formation, on manque de maîtres, on ne possède même pas l'organisation nécessaire. L'enseignement technique des adultes est un échec : on n'enregistre presque pas de succès aux examens d'aptitude professionnelle, et le recrutement reste faible.

Ce n'est point que le problème de la formation des adultes ait échappé aux experts. Un Institut national spécialisé a été créé à Nancy en 1963. Sa mission est d'étudier et d'essayer les méthodes pédagogiques applicables aux hommes déjà engagés dans la vie active. On ne saurait blâmer un but si adapté aux nécessités actuelles. Mais toutes les plus belles études du monde n'améliorent pas une situation qu'il aurait fallu redresser depuis dix ans. La question n'est pas de savoir comment on sortira du pétrin, mais d'en sortir.

Les cadres supérieurs ou moyens issus des écoles et des instituts de l'Université de Nancy ne sont pas en cause. Tout fait espérer que Nancy, qui peut s'enorgueillir de posséder une des plus belles, des plus complètes universités, continuera à former de plus en plus de médecins, de juristes, d'ingénieurs, d'architectes, etc., sans parler des chimistes et des forestiers (1). Faire rester ces jeunes diplômés en Lorraine est plutôt le problème très simple qui est posé aux pouvoirs publics comme aux employeurs.

--- ---
(1) Il y a 483 étudiants pour 100 000 habitants en Meurthe-et-Moselle, 431 pour les Vosges, 388 pour la Meuse, 297 pour la Moselle. On annonce la création à Metz de plusieurs établissements d'enseignement supérieur, dont une école nationale d'ingénieurs.

Mais toute l'attention et tout le soin devraient être concentrés sur la double nécessité d'instruire les enfants d'âge scolaire et de re-former les adultes. On a besoin de locaux, de maîtres et il faut recruter les élèves. Pour cela, nous ne connaissons qu'une recette. On ne fait pas d'hommes valables sans argent : crédits pour construire des locaux, crédits pour payer les maîtres, crédits pour payer les élèves. Cette dernière proposition n'a rien de scandaleux. C'est l'appât du gain qui a dé-scolarisé la Lorraine, au moins en partie. Si l'on veut vraiment instruire les Lorrains, le seul moyen est de les payer pour qu'ils étudient. Investir en machines, ce sera le programme des industriels. Et pourquoi ne se déciderait-on pas à dépenser des sommes aussi importantes pour des investissements aussi rentables que la formation des hommes ?

C'est le vœu des Lorrains eux-mêmes. Ils souhaitent « que des efforts régionaux et locaux plus importants soient entrepris dès maintenant, notamment pour assurer le perfectionnement de la maîtrise et des cadres, et faciliter les conversions et les adaptations qui se produiront durant le V° Plan ». Ne dit-on pas que le programme de développement de la promotion sociale sera préparé pendant le V° Plan pour être réalisé durant le VI° ?

En somme, Diafoirus préfère attendre. Attendre quoi ? L'autopsie *post mortem* ?

Mais ce n'est pas le moment de plaisanter sur les problèmes les plus inquiétants. Ni celui de préparer des projets. Pour former les jeunes et les adultes, les grandes industries lorraines ne manquent en vérité ni de locaux, ni de maîtres (il y a assez d'ingénieurs qui pourraient être chargés de coopérer à cette belle œuvre et qui sont déjà volontaires) ni d'argent.

Le vouloir. L'ordonner : organiser et imposer. Organiser avec le concours unanime. Imposer à tous, patrons et salariés, parce que tous le souhaitent et le veulent.

L ES programmes d'éducation, d'enseignement et de formation ont souffert d'une carence coupable, eu égard
aux besoins techniques. On ne sera pas surpris que
la construction des logements, par rapport à la progression
démographique de la Lorraine, ait été décroissante. 15 000
logements par an en moyenne, alors qu'il en faudrait au
moins 27 000...

On notera que jamais l'on n'a « autorisé » assez de
constructions neuves, mais que jamais ces chiffres trop
faibles n'ont été atteints. C'en est au point qu'on pourrait se
demander si, en cela comme pour tant d'autres problèmes,
nous ne sommes pas mis en présence d'une sorte de
complot, d'un plan négatif concerté pour résoudre le problème lorrain par le vide : pas d'eau, pas d'écoles, pas de
logements... et demain pas d'emplois.

Progression comparée, en indices, du nombre de logements terminés (Indice 1960 = base 100)		
Années	Lorraine	France
1961	91,70	99,83
1962	67,26	97,58
1963	93,23	106,19
1964	92,32	116,50
1965	96,90	131,50

Dans le même temps on vantait dans la Lorraine une
sorte de Texas français, on ne tarissait pas de superlatifs
pour définir une prospérité qui en fait ressemblait fort à
un colosse aux pieds d'argile, mais on ne construisait pas
de routes, on ne creusait pas de canaux, on ne bâtissait
pas de logements... La convergence des abandons et des
refus, l'universalité des signes *moins* dans tous les domaines
de l'équipement collectif, nous pouvons y voir non la preuve
que la Lorraine s'abandonnait, se refusait, se dégradait mais
que les experts avaient déjà conçu et commençaient à
appliquer une politique de réduction et de transfert, dont
en bonne logique ils administraient les conséquences
sociales aussi bien que le corollaire économique.

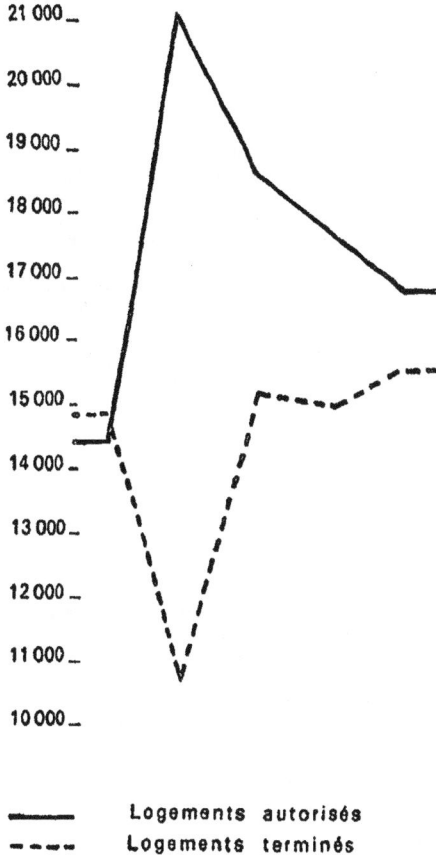

1961 1962 1963 1964 1965

21 000 —
20 000 —
19 000 —
18 000 —
17 000 —
16 000 —
15 000 —
14 000 —
13 000 —
12 000 —
11 000 —
10 000 —

——— Logements autorisés
- - - - Logements terminés

L E déclin lorrain, dans tous les secteurs de l'économie, est en effet évident.

Si l'activité industrielle lorraine est dominée par le fer (mines et sidérurgie) et par le charbon, on ne peut oublier d'autres industries traditionnelles, même si elles ont une moindre importance relative.

Les faïenceries, les cristalleries et les fabriques de verre, les industries alimentaires (conserveries et brasseries), les fours à chaux et les cimenteries, les industries du bois, du cuir, du papier sont en Lorraine à peu près semblables à ce qu'elles sont partout. Leur renom justifié fait parfois leur originalité : il suffit de nommer Sarreguemines, Baccarat, Champigneulles, Charmes, Maxéville, Liverdun pour qu'instinctivement ces noms de petites localités évoquent des fabrications parfois connues dans le monde entier.

Mais ces industries ne posent pas de problème. L'exiguïté relative de leur domaine, par comparaison avec les géants voisins, est une garantie de stabilité et de survie, en même temps qu'une limitation à tout développement local de grande importance.

Il n'en est pas de même pour d'autres activités, dont la surface est plus développée.

Par exemple, on parle du sel lorrain.

Le gisement triasique de sel gemme est un des plus beaux du monde (150 000 ha et 70 milliards de m³ exploitables). A Saint-Nicolas-du-Port, on ne compte pas moins de 11 couches dont quelques-unes très riches en sel pur. Quatre centres d'implantation des salines peuvent être distingués : au sud, la vallée de la Moselle, à Tonnoy; au centre, les vallées du Sanon et de la Meurthe; au centre-est, la vallée de la Seille; au nord-est, la vallée de la Sarre. La production s'est pratiquement répartie entre Saint-Nicolas, Art-sur-Meurthe, Dombasle, Sommerviller, Dieuze, Saint-Laurent, et fournit à peu près 70 % de la consommation française de sel raffiné, tout en exploitant les saumures pour les soudières.

Le carbonate de soude est une production ancienne au confluent du chlorure de sodium, du calcaire et du char-

75

bon (canal de la Marne au Rhin). La soudière Solvay à Dombasle date de 1872, la Madeleine de Marchéville-Daguin est de 1881, la soudière de Saint-Gobain (Rosières-Varangéville) de 1893. Le carbonate de soude (CO_3Na_2) lorrain représente près de 85 % de la production française, comme la soude caustique, le bicarbonate de soude et les cristaux de soude. Il y a là tout un ensemble industriel dont l'importance est évidente, mais dont l'avenir reste limité, sans possibilités d'expansion.

LA CRISTALLERIE ET LA VERRERIE A LA MAIN FRANÇAISES

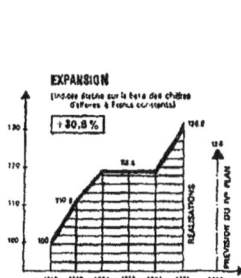

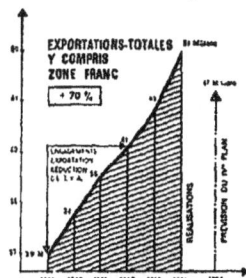

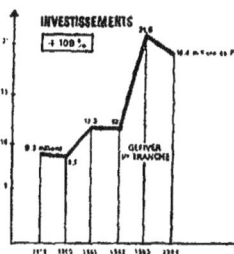

Pour l'industrie de la cristallerie et de la verrerie la Lorraine occupe une place unique dans le monde grâce à l'excellence de sa main-d'œuvre.

Cette branche industrielle est depuis 1959 en progression.

Le potentiel de production lorrain représente à lui seul 40 % du total national.

Il est cependant remarquable que la gestion prudente de cette industrie chimique l'ait mis à l'abri des grandes secousses et des crises spectaculaires.

On ne saurait en dire autant de l'industrie textile dont les difficultés s'expliquent : « chaque nouveau drapeau français planté par Savorgnan de Brazza avait fait surgir le long des vallées vosgiennes une usine nouvelle... Les drapeaux

76

sont partis, mais, dans les vallées, les usines sont restées »,
disait dernièrement un patron du textile vosgien. Depuis
dix ans, les exportations de tissus de coton vers l'outre-mer
ont diminué de près de 41 %.

Les industriels ont réagi : ils ont cherché des clients
en Europe, élargissant leur part du marché en Allemagne
et en France même en créant à côté d'articles en coton de
nouveaux articles en fibres artificielles ou synthétiques.

Le patronat du textile vosgien résume ainsi l'évolution .

1) « Augmentation » de *production* :

	1951	1964	
Filés	54 500 t	74 800 t	+ 37 %
Tissus	49 900 t	69 374 t	+ 39 %

2) « Réduction » du *matériel* utilisé :

Broches	1 810 000	1 161 000	— 35 %
Métiers à tisser	48 000	26 500	— 44 %

Ce matériel, modernisé, est surveillé par du personnel
travaillant à 2 et 3 équipes au lieu d'une. Cette réduction
de matériel a été accompagnée d'une concentration d'entreprises (91 établissements, dont 74 tissages).

3) « Réduction » du *personnel* :

Actuellement 21 200 personnes employées, dont 19 000
ouvriers (parmi lesquels 51 % de femmes).

De 1951 à 1964, le nombre d'ouvriers s'est réduit de
38 % (13 000 personnes, dont 9 300 femmes).

Ce dernier fait est particulièrement à noter : la crise
sociale a été atténuée, le personnel féminin trouvant en
partie à s'employer dans les usines en aval de l'industrie
cotonnière : confection, bonneterie, etc., mais un problème
subsiste. En effet, il faut tabler sur une diminution annuelle
de 500 à 1 000 personnes suivant les circonstances.

4) « Aggravation » de la *situation financière* :

Malgré les augmentations de productivité, les prix de
revient ont subi une lente augmentation. De nouveaux gains
de productivité exigeraient l'achat d'équipements entièrement neufs que l'insuffisance de profits ne permet plus.
D'industrie de main-d'œuvre, le textile est devenu une industrie de capitaux (il faut compter 70 000 F par ouvrier occupé).

Les pertes subies lors des quatre crises : 1952 - 1955 -
1959 - 1962 et 1965, trop rapprochées, n'ont pu être compensées les années suivantes — entre autres par suite des

blocages de prix à un niveau insuffisant - février 1954 - mars 1957 - septembre 1963. Les prix actuels des tissus écrus sont encore inférieurs à ceux de 1957 !

L'autofinancement s'en est trouvé réduit. Le financement extérieur est, jusqu'à maintenant, trop onéreux.

Depuis 12 ans, l'industrie textile vosgienne s'est heurtée à des difficultés diverses :

1) Obstacles économiques :

a) Perte accélérée de nos débouchés d'outre-mer.

b) Augmentation de la concurrence anormale de certains pays (à bas niveau de salaires ou à commerce d'Etat) : importations de tissus étrangers :

1953	1964	
6 691 t	35 206 t	+ 426 %

c) Blocage brutal de prix des fils et tissus, sans tenir compte des prix de revient et ceci malgré l'assurance du ministre des Finances en juin 1963 : « Nul industriel ne devrait être obligé de vendre en dessous d'un prix de revient normal. » (Cette situation n'est pas réservée au textile.)

2) Obstacles financiers :

L'industrie textile exige des capitaux de plus en plus importants; le matériel de haute technicité et de haut rendement, servi par un personnel qualifié mais plus réduit, doit maintenant se renouveler *tous les 10 ans* (et pour certaines machines encore moins) alors qu'il se renouvelait il y a peu de temps en 20 ans, sinon 30 ans. Cette industrie se trouve devant la *nécessité d'investir*.

3) Obstacles psychologiques :

L'importance de l'industrie textile dans les Vosges conduit souvent l'opinion publique à aggraver dans les esprits les répercussions des crises qu'elle a subies. En somme, l'industrie textile vosgienne qui pourtant se défend au moins aussi bien que toute autre, subit les répercussions psychologiques des crises parce qu'elle est pratiquement la seule industrie vosgienne qui ait quelque ampleur.

Pour se protéger contre les difficultés économiques, les textiles vosgiens ont demandé des mesures de protection (comme des clauses de sauvegarde, la mise en place d'une politique commerciale commune à l'intérieur de la C.E.E.), la mise au point d'un plan d'adaptation pour régler le problème de l'emploi, la création de cours de formation scientifique, des mesures d'ordre financier (assouplissement du blocage des prix et de la fiscalité).

Mais quelles que puissent être les perspectives plus favorables que l'on déduit de la démographie française et de l'espoir que les Français se décident à utiliser plus de tissus (9 kg 6 par habitant et par an contre 11 kg en Belgique, 12,6 en Allemagne, 12,3 en Angleterre, 15,9 aux Etats-Unis), les progrès techniques entraîneront une baisse de l'emploi. Force est donc à la population active de se procurer des emplois en dehors de l'industrie textile traditionnelle : des usines de confection et de bonneterie sont déjà installées, ainsi que des entreprises de petite taille pour la transformation des métaux, la fabrication de matériel électrique, de plastique, de fibres synthétiques, etc.

Toutefois si l'industrie textile vosgienne et les industries d'aval (habillement sous toutes ses formes) ne reçoivent pas aide financière et protection, « on ne peut émettre, dit la C.O.D.E.R., que le pronostic le plus défavorable prévoyant une réduction d'emplois de 15 000 à 20 000 dans le textile lorrain de 1965 à 1970 ». Si l'on rapproche cette évaluation du nombre actuel des emplois dans toute l'industrie textile lorraine :

43 500 dans les Vosges
9 100 en Meurthe-et-Moselle
3 200 dans la Meuse
2 400 en Moselle
_____
58 200 au total

on conçoit ce qu'une telle saignée aurait à la fois de cruel et d'appauvrissant. Ce n'est point que les salaires de l'industrie textile soient larges (y compris les indemnisations pour chômage total ou partiel), mais près de 50 % des Vosgiens actifs n'ont pas d'autre moyen d'existence...

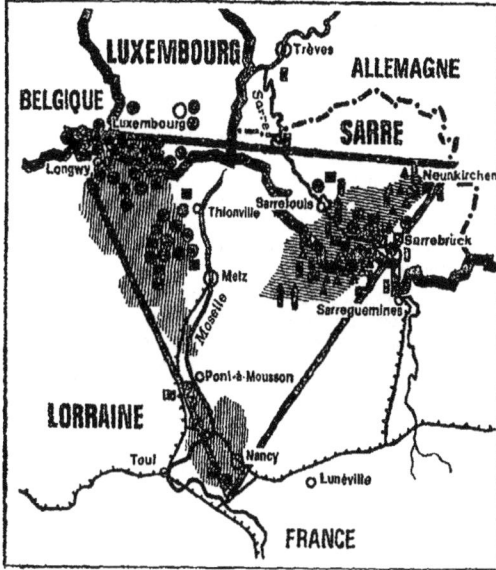

Le « Triangle lourd »

E T puis, la Lorraine c'est du charbon et c'est du fer. Oui,
c'est. C'est encore.

Les pessimistes, qui se prétendent bien entendu les seuls clairvoyants, disent : c'était, ou : ç'aura été.

Avant d'en discuter, analysons.

Qu'est-ce d'abord que le charbon lorrain ?

L'ensemble du bassin a été nationalisé en 1946 sous le nom de H.B.L. : Houillères du Bassin de Lorraine. Il contiendrait 5 300 millions de tonnes de réserves totales, sur la valeur desquelles il y a lieu d'exprimer des doutes très sérieux, sans compter les parties dites inexploitables à cause de leur trop grande profondeur, sous Pont-à-Mousson par exemple.

Bien que l'exploitation pose d'innombrables problèmes très difficiles (disposition des couches : les « dressants » de Merlebach, présence d'une proportion très importante de grisou exploité en partie comme source de méthane), le rendement est le plus élevé d'Europe.

Quelques chiffres 1964 :

Production annuelle .... 15 627 969 t
Production par jour .... 58 018 t
Rendement net fond .... 3 113 kg
Rendement net fond et jour................ 2 078 kg

Effectifs au 31 décembre 1964 :

Ouvriers fond 20 494
Ouvriers jour 9 787
Ouvriers usines annexes 3 105
Agents de maîtrise et techniciens 4 178
Employés administratifs 1 405
Ingénieurs 531

Effectif total 39 500

Autres productions 1964 :

Coke	. . . .	2 753 063 t
Gaz	. . . .	1 447 514 milliers de m
Electricité	. . . .	3 708 261 Mwh
Goudron	. . . .	134 225 t
Benzol	. . . .	47 541 t
Benzène	. . . .	48 280 t
Cyclohexane	. . . .	37 415 t
Ammoniac	. . . .	162 909 t
Acide nitrique	. . . .	210 261 t
Engrais azotés et complexes	. . . .	388 426 t
Styrène	. . . .	33 735 t
Naphtaline	. . . .	12 983 t

Ce tableau résume tous les aspects diversifiés de l'activité des H.B.L.

Quelques statistiques d'évolution permettent de mieux comprendre comment se présentent les questions :

Evolution de la production annuelle
de houille
en millions de tonnes

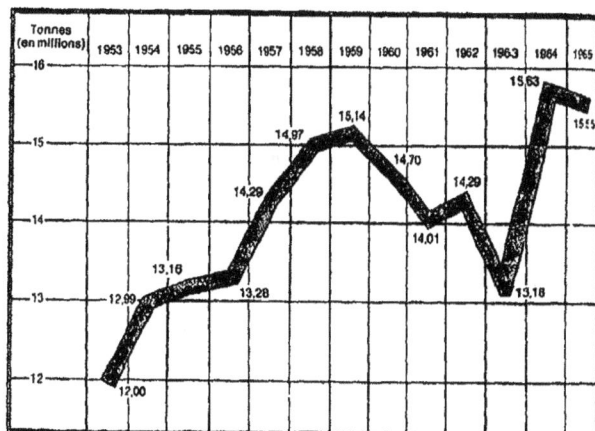

82

M. liards kWh	1955	1956	1957	1958	1959	1960	1961	1962	1963	1964	1965

Données du graphique : 40, 38, 36, 34, 32, 30, 28, 26, 24, 22

2 648 402
2 888 338
2 596 138
2 677 451
2 188 628
2 736 185
3 303 282
2 841 042
3 708 261
2 991 776

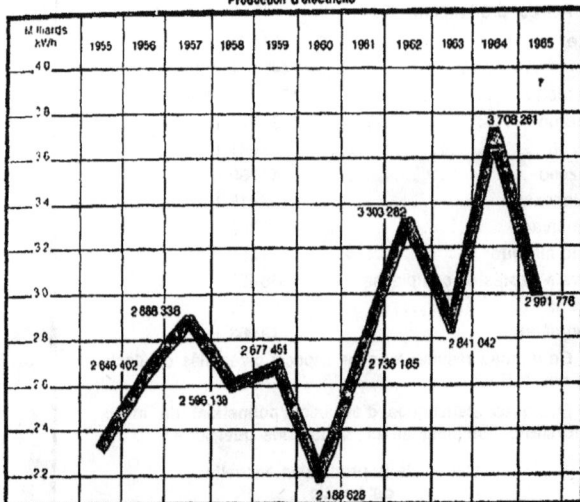

Les ventes à l'Electricité de France en 1965 ont diminué de 36 % par rapport à 1964. A ce sujet, on ne saurait trop insister sur l'importance majeure de la clientèle de l'E.D.F. pour les H.B.L.

C'est ce qu'a fort clairement démontré M. Nonat, directeur aux H.B.L., au cours d'un exposé fait le 2 juin 1966 devant le Congrès de l'industrie minérale, à Pont-à-Mousson :

Pour la S.N.C.F. et Gaz de France, les livraisons des H.B.L. sont passées de 1 850 000 tonnes en 1959 à 755 000 tonnes en 1966. En 1976, la prévision est de 0 tonne !

Pour les industries (sauf l'acier), les foyers domestiques et les exportations, les chiffres sont de 3 769 000 tonnes (1959), 3 270 000 tonnes (1966) et seulement 1 500 000 tonnes en 1976.

Pour la sidérurgie et le coke, ils sont de 2 437 000 tonnes en 1959, 2 700 000 tonnes en 1966 et seulement 1 800 000 tonnes en 1976.

On voit que le total de ces trois prévisions est très négatif, puisqu'il laisse apparaître une baisse de 3 400 000 tonnes en 10 ans...

Pour les combler, une seule solution : l'E.D.F. Ses livraisons, qui étaient de 810 000 tonnes en 1959, sont passées à 3 900 000 tonnes en 1966. On prévoit qu'elles seront de 6 500 000 tonnes en 1976.

Les deux tiers de la production des H.B.L. iront donc à une autre firme nationale dans dix ans. Elles viendront appuyer un gros programme de centrales thermiques. Mais elles font dépendre du même coup le sort du bassin d'un choix administratif et donc, d'un certain point de vue, politique.

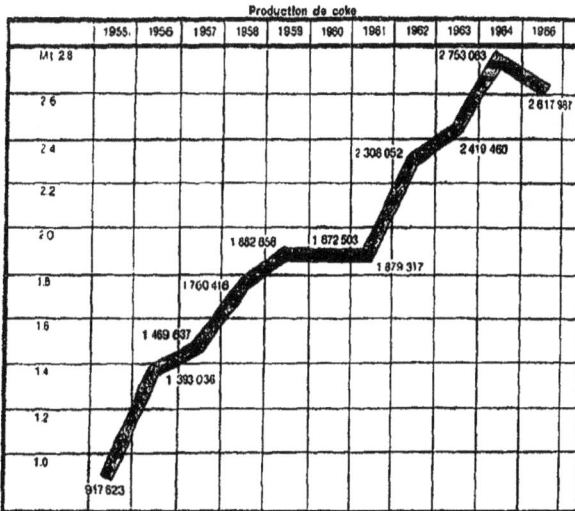

Production de coke

	1955.	1956	1957	1958	1959	1960	1961	1962	1963	1964	1966
Mt 2.8									2 753 083		
2.6											2 617 987
2.4							2 306 052			2 419 460	
2.2											
2.0				1 682 858		1 872 503					
1.8			1 760 418					1 879 317			
1.6		1 469 637									
1.4		1 393 036									
1.2											
1.0											
	917 623										

En 1965, la production du coke métallurgique a diminué (90 % de 1964). La cokerie de Marienau a été alimentée à partir de juin 1965 en charbons américains.

84

Gaz (en millions de m³)

	1962	1963	1964	1965
Production (grisou et résiduaires achetés compris)	1 242	1 284	1 471	1 439
Consommation des cokeries	574	585	664	633
(dont résiduaires et grisou)	(210)	(274)	(298)	(368)
Ventes à G.D.F.	215	217	226	228
Chimie (filiales comprises)	269	287	377	421
Centrales et divers ..	184	195	204	157

Les H.B.L. se trouvent devant une situation complexe. Elles doivent non seulement admettre un déficit (perte d'exploitation de l'exercice 1965 : 185 316 446 F) malgré une très forte diminution des investissements, mais gérer une évolution des effectifs qui subit une gradation descendante particulièrement marquée :

Ouvriers inscrits à la date du :	FOND		JOUR		USINES	
	Effectifs	Différence	Effectifs	Différence	Effectifs	Différence
	21 403		10 671		3 729	
31 décembre 1961 ..	21 213	— 190	10 003	— 668	3 660	— 69
31 décembre 1962 ..	21 067	— 146	9 523	— 480	3 637	— 23
31 décembre 1963 ..	20 494	— 573	9 787	+ 264	3 105	— 532
31 décembre 1964 ..						
31 décembre 1965 ..	19 500	— 994	9 167	— 620	3 030	— 75

La situation de l'emploi dans le bassin houiller reste déterminée par deux facteurs essentiels :

— le plafonnement de la production ;
— la nécessité, dans ces conditions de production, de demeurer compétitif, donc d'accroître au maximum la productivité.

Ces deux facteurs conduisent les Houillères du Bassin de Lorraine à prévoir une réduction des effectifs à un rythme moyen de l'ordre de 1 200 à 1 300 par an.

Des réductions de personnel avaient pu être opérées depuis 5 à 6 ans à un rythme du même ordre, par mises à la retraite, départs volontaires et action sur le volume des embauchages d'adultes. Mais la quasi-totalité de la main-d'œuvre mobile a maintenant disparu et les études sur l'évolution des effectifs dans le cadre de la production annuelle fixée confirment les difficultés du « réglage » des effectifs jusqu'en 1970.

Par ailleurs, dans l'avenir, les Houillères du Bassin de Lorraine ne pourront guère offrir un emploi qu'à 20 % des jeunes se présentant chaque année sur le marché du travail. Il restera, pour la région, de l'ordre de 2 000 emplois à créer par an pour les jeunes, en plus des effectifs excédentaires actuellement au travail.

Pour résumer la menace qui pèse sur les mineurs des H.B.L. et les remèdes envisagés, nous empruntons encore à M. Nonat plusieurs passages de l'exposé cité plus haut :

« L'homme d'aujourd'hui est devenu plus difficile. Nos clients aussi. Ils font comme ceux du boucher qui veulent tous du bifteck dans le filet. Depuis 10 ans, nos réserves exploitables fondent de 4 tonnes pour 1 tonne enlevée. Je puis affirmer que les H.B.L. pourront connaître la fin du siècle, mais dans des conditions probablement difficiles.

Par contre, à court terme, nous sommes bien dotés. L'augmentation de notre productivité tourne autour de 5 % annuels. Les difficultés viennent d'ailleurs, et ceci malgré la densité de notre gisement, la grandeur de nos investissements, l'ingéniosité de nos solutions mécaniques et la qualité exceptionnelle de notre main-d'œuvre.

Nous devons faire face à l'offensive du pétrole. Elle a lieu sur tous les plans. L'Europe est noyée sous un immense raz de marée et les réseaux commerciaux de nos nouveaux concurrents chevauchent la crête de la vague.

Les solutions ? Elles sont déjà connues : trouver des transports spécialisés et modernes, développement de la chimie (là encore, la menace pétrolière est très forte), collaboration avec la Sarre, accords avec les pétroliers, recherche de contrats commerciaux pluri-annuels, choix d'investissements très favorables, fabrication d'éthylène et d'autres produits dérivés (une des clés de la restructuration régionale), etc.

Tout le monde admet, hélas ! la nécessité de réduire les effectifs, dit M. Nonat en terminant. Nous nous sommes

86

fixé pour règle de prévoir chaque année 6 % de départs contre 2 % seulement d'embauchages. C'est une règle dure, mais inévitable. Nous aurions rencontré, sans doute, moins de critiques si nous avions produit moins en gardant plus de mineurs, mais dans le fond des cœurs chacun sait bien que le courage est la seule façon d'en sortir. »

Quand on conclut en faisant appel au courage, tout le monde comprend ce que cela veut dire. Et pourtant rien n'est perdu, comme en témoigne la conclusion dynamique du rapport du conseil d'administration des H.B.L. :

« Ces perspectives difficiles devraient être compensées par la mutation des industries annexes dont les différentes étapes se présentent l'une après l'autre. La raffinerie franco-sarroise est en construction, l'usine d'ammoniac de Carling sur naphta est en commande, l'unité de craquage à la vapeur est considérée favorablement par les autorités de tutelle. Les houillères ouvrent ainsi un chapitre nouveau et important de leur évolution qui les amène à développer leur activité en s'associant à d'autres producteurs. Cette voie, tracée par des charbonnages étrangers avec encore plus d'audace, permettra à l'importante plate-forme de Carling, de se développer et de se valoriser. Au surplus, elle devrait donner une impulsion à l'industrialisation régionale qui trouvera dans les produits de grande chimie obtenus sur la place matière à d'intéressantes transformations. La réussite de l'opération « chimie » est donc, à double titre, déterminante.

En maintenant leurs responsabilités dans le domaine de la chimie, les Houillères du Bassin de Lorraine entendent affermir leur potentiel industriel et conserver toute son efficacité à l'équipe dont les traditions et la cohésion ont permis de constituer l'un des points forts de l'industrie française, qu'elles ont le devoir de ne point laisser s'affaiblir. »

E fer, c'est la mine et c'est le haut fourneau, le laminoir, etc. En Lorraine, la mine est inséparable du fer. Et d'ailleurs, le reste n'est là qu'à cause de la présence du minerai.

Cela revient à dire que si le minerai lorrain, la « minette », disparaissait de la scène économique, soit par extinction, soit par abandon, l'industrie du fer n'aurait aucune raison valable de rester accrochée au sol lorrain.

Sauf pour les hommes et uniquement pour concilier un besoin de main-d'œuvre avec les exigences du personnel.

Autrement dit, si le minerai lorrain continue à avoir une valeur compétitive, la sidérurgie restera lorraine.

Sinon, la sidérurgie émigrera, à moins que les ouvriers veuillent rester en Lorraine et qu'on ne puisse pas trouver ailleurs un personnel équivalent.

Sur plus de 110 000 hectares, le gisement ferrifère lorrain est un des grands centres mondiaux d'exploitation. Le minerai est assez pauvre, surtout si on le compare aux minerais riches de Suède ou de Mauritanie. Mais, tel qu'il est, il reste encore favorablement utilisable. Il ne faut pas sous-estimer toutefois la concurrence possible des minerais étrangers venus par mer : on peut se poser la question de savoir si la Moselle canalisée servira à exporter des minerais lorrains ou à importer des minerais mauritaniens.

Il n'en reste pas moins que le fer lorrain constitue une réserve mondiale très bien placée et très importante :
— minerai calcaire : 3 594 millions de tonnes ;
— minerai siliceux : 2 445 millions de tonnes ;
soit 6 milliards de tonnes = 2 milliards de tonnes de fer contenu.

L'exploitation se fait dans des mines à flanc de coteau (galeries à partir du versant d'une vallée périphérique) : Longwy, Villerupt, Hayange, Moyeuvre, Nancy. Les frais sont réduits, les wagonnets gagnant par gravité les parcs de stockage.
— et dans des mines profondes à puits verticaux (vallée de l'Orne, Landres, bassin de Briey, ouest du bassin de Moselle).

89

UN SCHEMA DE LA SIDERURGIE LORRAINE

Le rapport d'activité de la Chambre Syndicale des Mines de Fer de France en 1966 mérite une attention particulière. On y cherche des informations et des précisions sur une évolution inquiétante : la perte de certains débouchés des mines françaises a entraîné une diminution de l'extraction; il en est résulté des réductions d'horaires, des compressions d'effectifs, des licenciements, des fermetures. Mais l'adaptation à la situation nouvelle ainsi apparue ne se borne pas à ces mesures négatives. Elles ont une contrepartie positive; il s'agit en effet d'obtenir un minéral compétitif qui résistera à la pression des minerais d'outre-mer. Et, dans ce but, les efforts sont poursuivis en vue d'améliorer les matériels et les méthodes d'exploitation, en vue de relever encore le niveau professionnel, en vue de mieux valoriser le minéral.

Voici, extraits du rapport d'activité de la Chambre Syndicale des Mines de Fer de France pour l'année 1965, quelques passages importants consacrés à ces problèmes :

« Au total, les livraisons des mines de fer des trois bassins ont diminué de 3 % en revenant de 60 798 450 tonnes à 58 904 686 tonnes. Les livraisons des mines de fer de l'Est ont diminué de 2,8 % en revenant de 57 160 797 tonnes à 55 551 133 tonnes.

Pour l'ensemble des usines consommatrices de minéral lorrain, la production a assez peu varié d'une année à l'autre et, comme il n'y a pas eu d'évolution structurelle importante, les besoins globaux de minéral ont été sensiblement les mêmes. On constate effectivement en Lorraine que, pour une diminution de 1,6 % de la production de fonte, la consommation de minéral local a baissé de 1,3 %. Mais à l'exportation, le minéral lorrain a dû faire face à la concurrence accrue des minerais riches d'outre-mer; c'est ainsi que de 1964 à 1965 les livraisons en Belgique ont diminué de 14 %, les livraisons en Sarre de 6,2 %; le Luxembourg a, au contraire, accru ses enlèvements de 4,5 %. Le Nord de la France est dans une situation particulière : l'usine de Dunkerque est alimentée uniquement en minerais d'importation, tandis que les autres usines consomment à la fois des minerais français et des minerais importés. La diminution de 4 % des enlèvements de minéral lorrain par cette région décèle un déplacement de la production de fonte sur l'usine de Dunkerque, au détriment des autres usines.

Les livraisons du bassin de l'Ouest aux usines françaises, en 1965, ont été pratiquement les mêmes qu'en 1964. En revanche, les exportations ont diminué de 25,4 % : la baisse a été particulièrement sensible sur l'Angleterre (61 %) et sur la Ruhr (84 %); les expéditions vers cette région ont d'ailleurs complètement cessé en cours d'année.

Enfin, les livraisons du Centre-Midi ont diminué de 3,3 %.

Au total les livraisons des mines de fer des trois bassins ont diminué de 3 % en revenant de 60 798 450 tonnes à 58 904 686 tonnes.

Les stocks sont anormalement élevés et ont encore augmenté en 1965. Les horaires ont été ramenés à un maximum de 40 heures par semaine. Le personnel ouvrier a diminué de 1 245 unités dans le bassin de l'Est et de 182 unités dans le bassin de l'Ouest.

La production a été de 59 531 137 tonnes contre 60 947 333 tonnes, en baisse de 2,3 %.

Les résultats globaux de l'année entière ne donnent pas d'ailleurs une idée exacte de l'évolution de la conjoncture. C'est en effet seulement dans le cours du deuxième semestre que s'est fait sentir le ralentissement de la production sidérurgique qui a entraîné une diminution d'environ 5 % des livraisons de mineral en France et une diminution encore plus sensible des exportations.

Il faut signaler que, cette année encore, les mines n'ont pas réalisé un ajustement rigoureux de l'extraction aux débouchés et les stocks se sont quelque peu accrus. Ils sont passés en Lorraine à 7 550 000 tonnes, chiffre tout à fait excessif. Comme les horaires ont déjà été ramenés à un maximum de 40 heures par semaine, l'ajustement ne peut se faire que par la déflation des effectifs. Ce problème limité jusqu'ici aux mines les plus touchées dans leurs débouchés, s'étend maintenant à l'ensemble des exploitations. Car, même à production constante, l'augmentation de la productivité, absolument nécessaire pour le maintien de la compétitivité des mines françaises et de la sidérurgie nationale qui en est solidaire, dégage des effectifs excédentaires.

C'est ainsi que le personnel ouvrier du bassin de l'Est a décru en 1965 de 1 245 unités bien qu'un peu plus de la moitié des mines soient restées au-dessous de l'horaire

LE MINERAI DE FER DANS LE MONDE

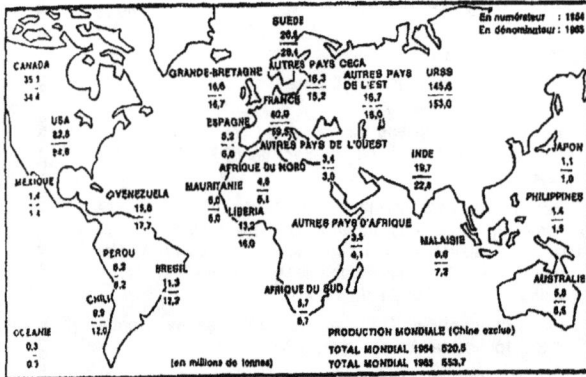

En numérateur : 1964
En dénominateur : 1965

SUEDE
20,4
29,4

CANADA
35,1
34,4

GRANDE-BRETAGNE
16,6
16,7

AUTRES PAYS CECA
15,2

AUTRES PAYS
DE L'EST
16,7

URSS
145,6
153,0

FRANCE 15,2

ESPAGNE
5,2
6,6

USA
82,5
84,8

AUTRES PAYS DE L'OUEST
18,5
18,0

AFRIQUE DU NORD
3,4
3,0

INDE
19,7
22,8

JAPON
1,1
1,0

MEXIQUE
1,4
1,1

VENEZUELA
15,8
17,7

MAURITANIE
6,2
6,6

LIBERIA
13,2
16,0

AUTRES PAYS D'AFRIQUE
3,5
4,1

MALAISIE
6,6
7,3

PHILIPPINES
1,4
1,5

PEROU
6,2
9,2

BRESIL
11,9
13,7

AFRIQUE DU SUD
5,7
8,1

AUSTRALIE
5,8
6,4

CHILI
8,9
12,0

OCEANIE
0,3
0,3

(en millions de tonnes)

PRODUCTION MONDIALE (Chine exclue)
TOTAL MONDIAL 1964 520,5
TOTAL MONDIAL 1965 553,7

IMPORTATIONS FRANÇAISES DE MINERAI DE FER

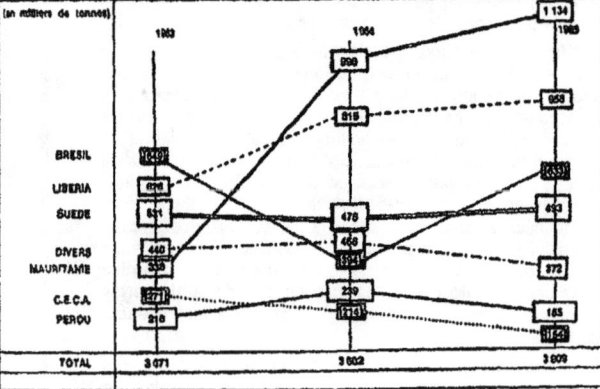

(en milliers de tonnes)

1963   1964   1965

1 134
998
915   958

BRESIL   1049   1355
LIBERIA   620
SUEDE   631   476   493
DIVERS   440   460
MAURITANIE   359   521   372
C.E.C.A.   271   229
PEROU   210   210   165
                                         168

	1963	1964	1965
TOTAL	3 071	3 602	3 809

93

de 40 heures par semaine. Les retraites, pensions d'invalidité et décès ont compté pour environ 500 dans ce total, les reclassements dans la sidérurgie et les mines de fer pour 400; le solde porte sur des reclassements individuels, dont 150 à la suite de départs volontaires assortis des mêmes garanties qu'en cas de licenciement.

Pour le bassin de l'Ouest, la déflation a porté sur 182 ouvriers, dont 82 pour motifs économiques, 70 par retraite, 30 par départ individuel.

Les salaires ont été relevés de 4,2 % dans le bassin de l'Est.

Dans le domaine des salaires, des arrêtés ministériels ont majoré, à plusieurs reprises au cours de l'année, les barèmes applicables dans les mines de fer de l'Est, ce qui a représenté au total une hausse de 4,2 %. Les barèmes des autres bassins ont été majorés de 3,02 % en deux fois.

La formation d'un personnel qualifié, auquel est confiée la responsabilité de matériels de plus en plus complexes, reste une des tâches importantes des mines de fer. Les études sur la valorisation des minerais sont activement poursuivies.

De tout temps, la formation du personnel a été une des préoccupations de la Chambre syndicale et de son service spécialisé de Norroy-le-Sec. Mais la question a pris une importance accrue avec les mouvements d'effectifs, conséquence des difficultés rencontrées par les exploitations.

De nouvelles actions de formation se sont révélées nécessaires, non seulement pour améliorer la qualification des agents responsables des matériels de plus en plus complexes qu'exige l'accroissement de la productivité, mais aussi pour faciliter les mutations dans une même exploitation à la suite d'une réduction de personnel et pour donner aux ouvriers licenciés des possibilités de conversion.

Un programme très complet, s'étalant sur plusieurs années et dans lequel le perfectionnement de la maîtrise a sa place, a donc été lancé. Le Centre F.P.A., installé à Norroy, a fonctionné dans des conditions très satisfaisantes.

Après une décroissance de moitié environ, de 1962 à 1964, les dépenses d'équipement industriel se sont stabilisées. Les investissements à ce titre ont été de 90,7 millions de francs contre 91,6 en 1964. L'équipement de base

MINES DE FER FRANÇAISES

production française de mineral (en milliers de tonnes)

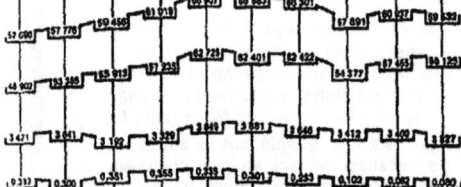

TOTAL 52 090 57 776 59 458 61 018 66 007 66 563 66 301 67 691 69 127 69 539

EST 48 902 53 385 55 913 57 233 62 725 62 401 62 422 54 377 67 465 66 125

OUEST 3 471 3 641 3 192 3 329 3 840 3 891 3 446 3 412 3 400 3 327

CENTRE MIDI 0 313 0 300 0 351 0 355 0 335 0 301 0 283 0 102 0 062 0 080

stocks (au 31 décembre de l'année)

TOTAL FRANCE 3 092 7 100 7 776 8 223

EST 1 961 3 093 4 676 6 174 5 759 6 161 7 420 7 103 7 228 7 531

1 765 2 763 4 407 4 737 5 567 6 034

livraisons françaises

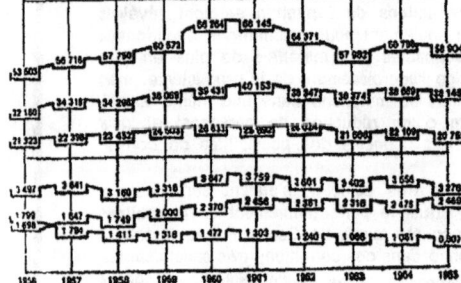

ENSEMBLE MINES FRANÇAISES

TOTAL FRANCE ET EXPORTATIONS 53 503 56 716 57 750 60 572 56 764 66 145 64 371 57 982 60 796 58 904

FRANCE 32 180 34 318 34 208 36 069 39 430 40 153 38 347 36 374 38 002 38 145

EXPORTATIONS 21 323 22 398 23 452 24 503 26 611 25 992 26 024 21 608 22 102 20 769

OUEST

TOTAL OUEST FRANCE 3 497 3 641 3 160 3 318 3 847 3 759 3 601 3 402 3 656 3 278 3 460

FRANCE 1 799 1 647 1 749 2 000 2 370 2 456 2 361 2 316 2 475

1 698 1 794 1 411 1 318 1 477 1 303 1 340 1 086 1 081 0 002

EXPORTATIONS

1956 1957 1958 1960 1960 1961 1962 1963 1964 1965

95

pour le rythme de production actuel a été modernisé dans les années passées de sorte que le niveau actuel d'investissements ne signifie pas que l'effort technique soit ralenti. L'évolution de la productivité prouve bien qu'il n'en est rien : les rendements fond et jour sont en effet encore en progrès sensible, 17,51 tonnes contre 16,34 tonnes en 1964 pour le bassin de l'Est, 8,60 tonnes contre 7,94 tonnes pour le bassin de l'Ouest. En fait, les rendements auraient été bien plus élevés encore si les mines ne conservaient pas du personnel en excédent, ce qui est le cas surtout en Meurthe-et-Moselle où sont situées la plupart des exploitations qui connaissent les plus grandes difficultés, avec comme conséquence que, pour la première fois en 1965, le rendement moyen de ce département a été dépassé par celui de la Moselle.

Dans la période difficile que traversent les mines de fer, la nécessité du progrès est encore plus évidente qu'auparavant; l'activité de l'organisation technique professionnelle (commissions techniques de directeurs, groupes de travail d'ingénieurs, service technique de la Chambre syndicale, Société pour l'Etude du Chargement Mécanique) a donc été grande en 1965.

La profession a également apporté, en 1965 encore, une contribution financière importante à l'IRSID pour les études sur la valorisation des minerais. Les conclusions de ces études se précisent et les combinaisons les plus avantageuses des divers procédés d'enrichissement se dégagent.

Pour faire le tour du problème, il faut attendre les résultats des essais qui seront effectués à l'atelier-pilote de grillage magnétisant de Bazailles, dont le démarrage a été retardé jusqu'en février 1966 par des mises au point technologiques. On pourra alors se rendre compte si l'enrichissement est, au moins pour certains minerais, économiquement possible, c'est-à-dire susceptible de se traduire effectivement par une diminution du prix de revient de la fonte. Il faudra évidemment tenir compte des charges entraînées par les investissements nécessaires, qui sont considérables.

Il est essentiel et urgent que la politique des transports du minerai soit repensée. Tandis que les exploitations minières réduisaient leurs prix de 25 %, les transports intérieurs augmentaient de 9,14 %. Aucune amélioration n'a pu être obtenue des chemins de fer belges et allemands.

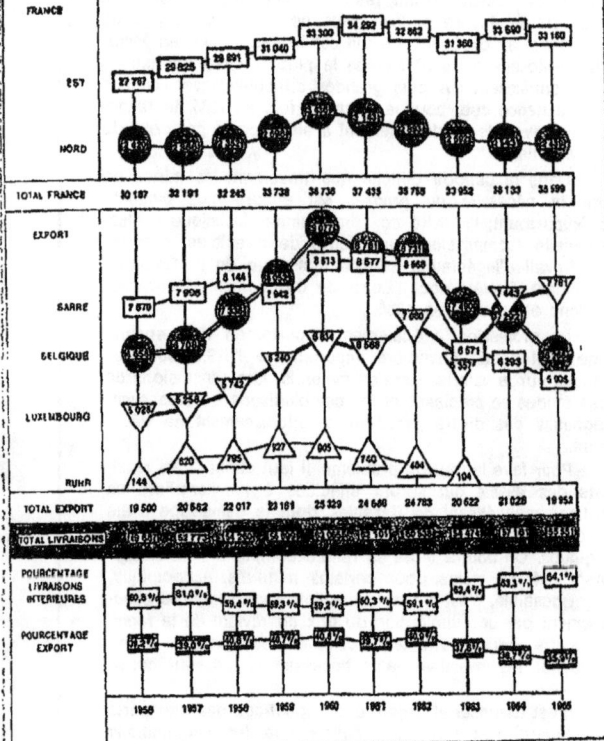

LIVRAISONS DE MINERAI LORRAIN

(en milliers de tonnes)

FRANCE

EST : 27 767 | 29 025 | 29 691 | 31 040 | 33 300 | 34 292 | 32 853 | 31 360 | 33 690 | 33 160

NORD

| TOTAL FRANCE | 30 187 | 32 191 | 32 243 | 33 738 | 36 736 | 37 435 | 35 758 | 33 952 | 38 133 | 33 599 |

EXPORT

SARRE : 7 870 | 7 908 | 8 144 | 7 942 | 8 813 | 8 577 | 8 668

BELGIQUE

LUXEMBOURG

RUHR : 144 | 820 | 795 | 727 | 905 | 740 | 604 | 104

| TOTAL EXPORT | 19 500 | 20 582 | 22 017 | 23 191 | 25 329 | 24 600 | 24 783 | 20 622 | 21 028 | 18 953 |

TOTAL LIVRAISONS

POURCENTAGE LIVRAISONS INTERIEURES : 60,8 % | 61,0 % | 59,4 % | 59,3 % | 59,2 % | 60,3 % | 59,1 % | 62,4 % | 63,3 % | 64,1 %

POURCENTAGE EXPORT

| 1956 | 1957 | 1958 | 1959 | 1960 | 1961 | 1962 | 1963 | 1964 | 1965 |

97

Il faut revenir inlassablement sur la question des transports. Pour le consommateur et, en particulier, pour le sidérurgiste, c'est le prix rendu et non pas le prix départ qui importe; le coût des transports est donc aussi important que le prix à la mine. Mais, dans ce domaine, les désillusions ont été grandes : depuis que la situation des mines de fer s'est dégradée, il a été impossible de faire comprendre aux transporteurs que leur intérêt était de consentir des sacrifices pour maintenir un trafic qui est encore très rémunérateur pour eux. Et, dans les trois années qui viennent de s'écouler, les transports intérieurs ont augmenté de 9,14 % tandis que les exploitations réduisaient leurs prix de 20 à 25 % de façon à maintenir leur position vis-à-vis de leur principal concurrent, qui a d'ailleurs baissé ses prix FOB de 12 %.

Une légère retouche est toutefois intervenue le 1" janvier 1965, en Belgique, sur les redevances et frais de retour à vide des wagons de particuliers. Mais elle est insignifiante, en regard du coût excessif des transports de minerai vers ce pays : il faut regretter que les négociations entre gouvernements à ce sujet soient au point mort depuis des années.

Les négociations avec l'Allemagne pour les transports vers la Sarre permettent au contraire d'espérer une légère réduction, mais elles évoluent plus lentement que les difficultés des mines.

Il faut constater avec regret que, sur le plan communautaire, les chemins de fer mettent plus de diligence à abaisser les tarifs de transports des minerais des pays tiers importés par voie maritime. Dans ces conditions, une part de l'effet des réductions de prix de revient des mines de fer a été neutralisée aussi bien pour la compétitivité de la sidérurgie nationale que pour la place des minerais français à l'exportation.

Dans ces conditions, il faut craindre encore un certain amenuisement des marchés à l'exportation du minerai et même, si rien n'est fait pour alléger les charges des usines françaises, une réduction de la consommation intérieure des minerais nationaux.

Il est donc essentiel et urgent que la politique des transports de minerai soit repensée.

Une certaine adaptation de la production aux débouchés reste inévitable : des mines seront encore amenées à réduire leur production, certaines devront fermer. La formation professionnelle des adultes doit faciliter le reclassement des travailleurs dans la sidérurgie ou dans les industries nouvelles que l'on s'efforce d'implanter en Lorraine.

En admettant même que le désir légitime des mines soit satisfait dans ce domaine et que les prix de revient rendus de leurs minerais soient abaissés dans une mesure raisonnable, le marché des minerais français restera limité et une certaine adaptation de la production aux débouchés reste inévitable : des mines seront encore amenées à réduire leur production, certaines devront fermer. Les exploitations plus favorisées dont l'extraction conservera une certaine stabilité auront cependant l'impérieux devoir de continuer à comprimer leurs prix de revient par un accroissement de leur productivité, ce qui, à production donnée, fera apparaître des effectifs excédentaires. Il n'est donc pratiquement pas possible d'éviter des compressions de personnel

C'est une cruelle conséquence du progrès général. Le déplorer serait vain; la seule position constructive est de chercher à en atténuer les effets. Il a été possible jusqu'ici d'offrir en emploi dans la sidérurgie lorraine à toute personne obligée de quitter les mines de fer; mais le nombre de postes à pourvoir dans des fonctions qualifiées n'est pas illimité et les besoins en personnel de la sidérurgie sont appelés à diminuer. Certains mineurs peuvent donc préférer ne pas attendre d'être entrés dans la sidérurgie pour mesurer leurs chances d'y acquérir une qualification et désirer suivre d'emblée une formation qui leur ouvre des débouchés dans des professions diverses. Ils en trouvent la possibilité dans les centres de formation professionnelle des adultes, créés à l'initiative de la sidérurgie et des mines de fer.

Toutefois, localement, peu d'emplois sont offerts; aussi les Chambres syndicales régionales s'emploient-elles, en liaison avec les administrations et organismes compétents, à susciter l'implantation d'industries nouvelles en Lorraine. »

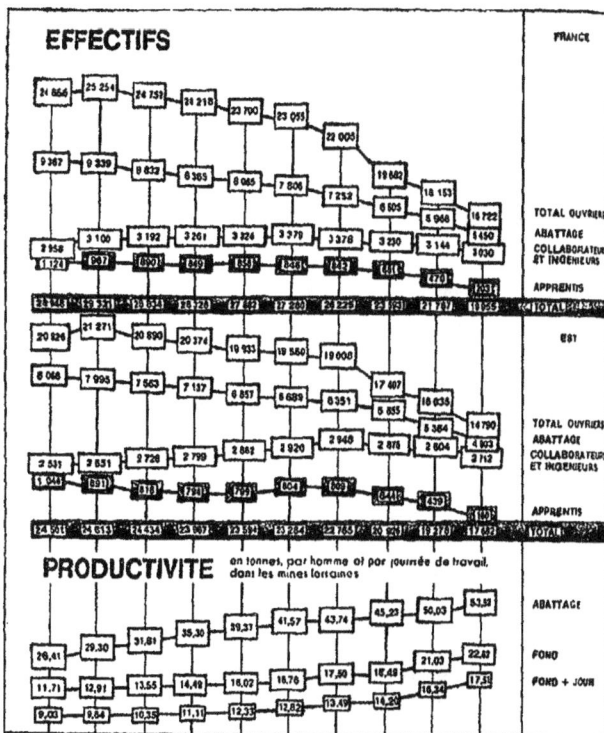

EFFECTIFS

FRANCE

TOTAL OUVRIERS
ABATTAGE
COLLABORATEURS ET INGÉNIEURS
APPRENTIS
TOTAL

EST

TOTAL OUVRIERS
ABATTAGE
COLLABORATEURS ET INGÉNIEURS
APPRENTIS
TOTAL

PRODUCTIVITE
en tonnes, par homme et par journée de travail, dans les mines lorraines

ABATTAGE
FOND
FOND + JOUR

L A sidérurgie, ou plus exactement les industries du fer
  sont la pointe et le symbole de la richesse active de
  la Lorraine.

Peut-être à cause de certains préjugés et aussi pour des
raisons financières, la Lorraine a pris à l'origine plus de
vingt ans de retard par rapport aux industriels rhénans.
C'est seulement après 1920 que la Lorraine commence à
fabriquer les demi-produits (tôles, poutrelles, rails, etc.) uti-
lisables par des industries différenciées (métallurgie de transformation) lesquelles n'existent pas dans le cadre régional.

La sidérurgie lorraine a divers aspects :

a) les usines à fonte pure, restées dans la tradition du
XIX' siècle (fontes destinées à être reprises par des aciéries
Thomas ou par des fonderies de seconde fusion) :

Uckange
Audun-le-Tiche
Hussigny
Auboué

b) les fonderies de fonte (fabrication de produits finis :
tuyaux, plaques, vannes, etc.) :

Saulnes
Aubrive-Villerupt
Pont-à-Mousson

c) les usines Thomas (hauts fourneaux + convertisseurs
Thomas + trains de laminoirs) :

La Chiers
La Providence à Rehon
Moyeuvre
Jœuf
Knutange

d) les usines complètes (+ aciéries Martin) :
— avec cokerie : Mont-Saint-Martin et Senelle
Micheville
Hagondange (U.C.P.M.I.)
Thionville
Hayange
Homécourt   } ne fabricant pas l'acier « noble ».
Neuves-Maisons

— sans cokerie : Rombas

Pompey (aciers de haute qualité) associés à Dieulouard

e) aciéries et laminoirs :

S.A.F.E. (Société des Aciers fins de l'Est) à Hagondange

S.O.L.L.A.C. (Société lorraine de laminage continu).

Géographiquement, on distingue :

— le groupe de Longwy (vallée de la Chiers) ;

— Villerupt, Micheville (haute vallée de l'Alzette) ;

— Hayange, Knutange, S.O.L.L.A.C. (vallée de la Fentsch) ;

— Auboué, Homécourt, Jœuf, Moyeuvre, Rombas (vallée de l'Orne) ;

— le groupe mosellan ;

— le bassin de Nancy ;

— autres usines lorraines dispersées : Vincey, Foug, Commercy, etc.

Financièrement, la concentration (relative) n'est que le prolongement d'un état de fait déjà ancien : S.I.D.E.L.O.R. est la continuation de Marmich-Pont, et ses destinées se lisaient déjà aux environs de 1900 dans la politique commune des trois sociétés. De Wendel est resté de Wendel, malgré S.O.L.L.A.C. Lorraine-Escaut a marqué une étape dans la politique traditionnelle des Aciéries de Longwy. Les destructions de la guerre de 1914 avaient offert la première chance de regrouper les usines sur le plan géographique et de déplacer le centre de gravité de la sidérurgie lorraine vers la vallée de la Moselle. Cette chance fut passée. (1)

Il faut bien reconnaître que le désordre géographique est cause en partie non négligeable du développement insuffisant pris par certaines usines. Et ce désordre est issu de rivalités financières qui restent incompréhensibles si l'on se place au niveau de l'intérêt général.

Le plan Monnet a montré en la matière une timidité que d'aucuns n'hésitent pas à condamner. Il est évident que la sidérurgie lorraine est « cristallisée dans ses formes et dans sa localisation depuis près d'un demi-siècle — S.O.L.L.A.C. exceptée. » (2)

La principale critique que l'on pourrait adresser à M. Jean Monnet, apôtre de l'Europe, est d'avoir été trop

(1) R. Nistri et Cl. Prêcheur. Le Région du Nord et du Nord-Est, p. 124.

(2) Cl. Prêcheur. in Atlas de la France de l'Est, pl. 46 A.

sensible aux influences particulières. Il aurait probablement remodelé la sidérurgie lorraine s'il s'était libéré des contraintes que certaines grandes sociétés faisaient peser sur ses décisions.

D'autre part, nous ne pouvons pas ne pas souligner — après tant d'observateurs impartiaux — que la Lorraine est malheureusement cantonnée dans une production de produits demi-finis. La Ruhr est une région complète, plus que complète, en ce sens qu'elle ne connaît pas de limite à l'industrialisation. Au contraire, la Lorraine a été « barrée » dans son développement industriel : elle ignore presque totalement les produits d'une industrie métallurgique de transformation. La base seule existe : charbon, gaz, minerai de fer, sidérurgie lourde.

Mais voilà que la base elle-même est remise en doute. Telle est la vraie crise.

Les forges lorraines reculent pour des raisons fondamentales :
— la minette est concurrencée par des minerais lointains ;
— les sidérurgistes du monde entier s'installent au bord de l'eau, pour bénéficier des bas prix (combustible et minerai) des transports maritimes et fluviaux ;
— les concurrents étrangers font baisser les prix. La production d'acier a tellement augmenté (430 millions de tonnes en 1964 contre 220 en 1954) que la lutte des prix est devenue une guerre au couteau.

Pour pouvoir vivre, les sidérurgistes lorrains doivent réduire le coût de production. Ils ont absolument besoin de quatre progrès :
— baisser le prix du minerai ;
— baisser le prix des transports ;
— baisser le prix des combustibles ;
— baisser la charge salariale.

Les réponses ne dépendent pas, pour les trois premières questions, de la sidérurgie elle-même : si les mines de fer réussissent à valoriser leur minerai et si le prix de la minette peut baisser, si l'Etat fait un effort décisif (canaux, routes, tarifs de la S.N.C.F.), si les fines américaines peuvent arriver à pied d'œuvre, ce qui permettra de faire du coke à 85 F, prix qui est celui dont bénéficient les Belges, les Italiens et les Hollandais, s'il est possible de se procurer du fuel à 70 F la tonne au lieu des 110 F (transport compris) actuels (d'où la nécessité d'une raffinerie entre Metz et Thionville), la plus grande partie du problème sera résolue.

Et il ne restera plus qu'à faire des économies sur les salaires, en réalisant de sévères compressions de personnel, car il faut produire davantage avec moins d'hommes.

Ces dernières années un effort considérable a déjà été fait, qui a permis d'accroître de 42 % en sept ans la production d'acier par heure de travail (36 % si l'on calcule sur le travail des ouvriers et des employés). La sidérurgie lorraine a dépensé à cet effet un peu moins des deux tiers des 5,83 milliards d'investissements effectués par l'ensemble des forges françaises durant le IV° Plan. Ces dépenses ont servi tout à la fois :

— à développer la capacité de production de la sidérurgie de l'Est ;

— à moderniser les anciennes installations ;

— enfin à rationaliser l'utilisation des capacités de production : la Société métallurgique de Knutange et l'U.C.P.M.I. ont décidé d'associer leurs efforts au sein de la Mosellane de sidérurgie (1,88 million de tonnes d'acier en 1964) ; la société de Saulnes a mis son train à fil — le plus moderne du monde — à la disposition de Lorraine-Escaut et de Neuves-Maisons, qui y font transformer leurs billettes d'acier ; les mêmes sociétés Lorraine-Escaut et Saulnes ainsi que La Providence ont fondé ensemble une société spéciale d'enrichissement et de préparation du minerai, la S.E.A.M. ; enfin, Sidelor et de Wendel ont créé, à parts égales, Sacilor, qui construit actuellement à Gandrange un complexe ultra-moderne. (1)

Gandrange représente à la fois le suprême espoir et la preuve que la Lorraine croit encore à l'avenir.

Commencés en 1964, les travaux se poursuivent activement à Gandrange pour mettre en place le laminoir à fers marchands le plus moderne du monde et l'aciérie à oxygène qui sera l'une des plus grandes de la planète. On prévoit actuellement que le laminoir fonctionnera au début de 1967, l'aciérie étant mise à feu un peu plus tard.

Situé sur des terrains libres que possédaient les deux groupes fondateurs (de Wendel et Sidelor), le long de la vallée de l'Orne, entre Rombas et Uckange, à proximité du

(1) Cf. *Le Monde,* n° daté du 12 novembre 1965 : articles de M. Gilbert Mathieu, dont nous citons d'importants extraits.

confluent avec la Moselle, le nouvel ensemble prend forme peu à peu.

L'économie exacte de l'usine que bâtit là le nouveau groupe Sacilor (57,2 millions de capital social) n'est pas encore définie de façon précise. L'objectif de départ était, pour le laminoir, une capacité de traitement de 500 000 tonnes d'acier par an et, pour l'aciérie à l'oxygène, une capacité de 1 600 000 à 1 700 000 tonnes d'acier brut chaque année.

On peut toutefois considérer comme acquis les points suivants :

L'usine de Gandrange sera alimentée en fonte par les hauts fourneaux de Sidelor (16) et de de Wendel (12) situés à quelques kilomètres en amont de la vallée de l'Orne, entre Auboué et Rombas.

La commercialisation de l'acier produit et transformé par Sacilor sera assurée, semble-t-il, par les soins des deux sociétés fondatrices.

Le projet initial prévoyait 1 milliard d'investissements, soit, avec les frais de mise en route de l'usine et les frais généraux, quelque 1,3 milliard de dépenses effectives. Plus de la moitié de cette somme sera trouvée par le recours aux prêts publics et l'appel aux prêteurs obligatoires :

— 70 millions ont été affectés dès 1965 à Sacilor, dans l'emprunt annuel lancé par le G.I.S. (Groupement de l'industrie sidérurgique) ; des dotations analogues auront lieu pendant cinq ans ;

— l'Etat a, de son côté, invité la Caisse des dépôts et consignations à garantir un prêt de 260 millions à Sacilor, auquel pourra être probablement ajouté un prêt de F.D.E.S. (Fonds de développement économique et social) ;

— la Haute Autorité de la C.E.C.A., a, pour sa part, prêté 60 millions à Sacilor.

Le reste — de l'ordre de 500 à 600 millions, si le projet initial n'est pas modifié — devra être trouvé par appel aux actionnaires, par affectation de bénéfices de Sidelor et de de Wendel, ou encore par recours à des emprunts à moyen terme.

Gandrange, c'est aussi l'expression visible de l'accord qui fixe les engagements respectifs de l'Etat et de la Sidérurgie en vue de la réalisation du « Plan professionnel » signé le 29 juillet 1966.

Il s'agit de « rendre l'industrie sidérurgique compétitive sur le plan international dans des conditions régulières de concurrence ; dans ce but, renforcer d'une part la capacité concurrentielle des entreprises par un effort énergique d'abaissement des prix de revient, d'amélioration de la qualité, de rationalisation de la production et une réorganisation systématique des structures y compris par la fusion d'entreprises et la fermeture d'usines et d'ateliers non rentables, assurer d'autre part à cette industrie des conditions d'exploitation comparables à celles dont bénéficient les sidérurgies concurrentes, notamment quant au coût de l'énergie et des transports. »

C'était en premier lieu un problème d'investissements. Ceux de la sidérurgie française, en 1964 et 1965, n'ont pas atteint la moitié de ceux de la sidérurgie italienne.

Il fallait donc chercher une solution originale pour sortir de l'impasse dangereuse dans laquelle on risquait de s'enfoncer. Les sidérurgistes entamèrent alors la longue série d'études, d'hypothèses, de consultations, de confrontations... qui devaient finalement aboutir aux décisions du 29 juillet.

Ils considérèrent que le total des dépenses d'investissements prévues par le V° Plan qui, après un sévère criblage, avait pu être ramené à 10 milliards de francs, se divisait en trois tranches :

— Une première tranche qui correspond aux charges financières résultant des emprunts antérieurs (remboursements en capital) ;

— Une seconde tranche qui serait destinée à financer les travaux courants des entreprises : aménagement ou transformation d'installations anciennes, compléments apportés à des programmes déjà réalisés pour l'essentiel, etc. ;

— Une troisième tranche, enfin, qui serait destinée à des projets originaux et d'une certaine envergure.

En schématisant, on peut dire que les deux premières tranches serviraient à maintenir, et à consolider, le niveau atteint par les usines. La troisième tranche, au contraire, serait la tranche de l'avenir, celle d'où résulteraient des accroissements réels de capacité et de productivité pour lesquels on mettrait en œuvre les méthodes et les installations les plus modernes.

On considéra également que les entreprises, par des moyens analogues à ceux qu'elles ont employés dans le passé, parviendraient à financer les deux premières tranches

106

de dépenses mais que, pour la troisième, il faudrait faire appel à des sources et à des méthodes nouvelles. Le montant de cette troisième tranche fut estimé à 4,5 milliards de francs environ.

Bien qu'elle soit inséparable des deux premières, c'est elle qui, à proprement parler, est l'objet du Plan professionnel.

Les programmes de travaux neufs inscrits au Plan professionnel sont inséparables des mesures de restructuration de la Sidérurgie ; c'est précisément en vue ou en fonction de ces programmes que ces accords entre les sociétés ont été conclus ou que l'on est même allé jusqu'à la fusion.

Ces mesures de regroupement ont largement précédé l'accord du 29 juillet, comme le rappelle l'analyse qui a été publiée de ce document :

« ...Plusieurs opérations sont déjà intervenues, parmi lesquelles il faut citer la création de Sacilor par les Sociétés Sidelor et de Wendel, pour exploiter en commun une nouvelle usine à Gandrange ; la constitution par trois Sociétés du bassin de Longwy de la Société d'Agglomération et d'Enrichissement du Minerai (S.A.E.M.) ; le regroupement au sein de la nouvelle Société des Hauts Fourneaux Réunis de Saulnes et Uckange des actifs représentatifs des installations minières et productrices de fonte des Sociétés Saulnes et Gorcy et Nord et Lorraine ; enfin, la fusion toute récente d'Usinor et de Lorraine-Escaut.

« Au cours des dernières semaines, des accords nouveaux sont intervenus entre Soliac et Usinor, pour assurer la coordination des investissements et de l'exploitation des trains à larges bandes à chaud et à froid de ces deux Sociétés, entre les trois Sociétés participant à la construction de Sacilor (de Wendel, Sidelor et S.M.S.) pour coordonner leurs investissements et leur exploitation en matière de laminés marchands et de poutrelles, entre les Sociétés Usinor, Saulnes-Uckange, de Wendel et Sollac, pour garantir l'écoulement de la production de fonte des usines de Thionville et d'Uckange.

« D'autres opérations sont en voie de réalisation dans le secteur de la production de feuillards, et surtout dans le domaine des aciers spéciaux. »

Le document poursuit :

« Les projets d'investissements retenus au titre de la Convention générale, qui seront précisés par les conventions particulières à intervenir entre les Pouvoirs publics et les entreprises concernées, sont essentiellement axés sur deux pôles :

— L'usine de Dunkerque, dont la capacité actuelle de production (1 500 000 t) doit être doublée d'ici à 1970, tandis que les autres usines du groupe Usinor-Lorraine-Escaut font l'objet d'un programme cohérent de rationalisation et de modernisation ;

— L'usine de Gandrange (Sacilor) en Moselle, dont la capacité doit être de 1,5 million de tonnes en première étape (1969) et de 2,6 millions en deuxième étape (1971).

« Ces deux usines de Dunkerque et de Sacilor sont toutes deux centrées sur la production d'aciers à l'oxygène : la première doit assurer l'essentiel du développement de la production française de tôles minces au cours des années à venir ; la seconde rénovera le potentiel de production lorrain en matière de laminés marchands, tandis qu'en liaison avec son développement les autres sociétés lorraines coordonneront, on l'a vu, et moderniseront l'ensemble de leur équipement de produits longs.

« Par ailleurs, l'effort qui sera effectué dans le domaine des aciers spéciaux et les regroupements qui doivent intervenir dans ce secteur donneront à la fois une grande capacité concurrentielle à cette industrie d'avenir qu'est la sidérurgie fine et un visage rénové aux entreprises du Centre.

« Enfin, la Convention prévoit une aide particulière en faveur d'entreprises spécialement menacées, mais dont des considérations d'ordre régional et social justifient le maintien en activité : Neuves-Maisons, Saut-du-Tarn, Decazeville.

« Au total, la capacité de production de la Sidérurgie française devrait être portée de 22,5 millions de tonnes actuellement à 24,9 millions de tonnes en 1970 ; par rapport à une telle capacité, une production annuelle située entre 22 et 24 millions de tonnes, correspondant aux débouchés actuellement prévisibles pour 1970, représenterait un taux de marche supérieur à 90 %. »

Le but du Plan professionnel est d'abord d'assurer l'avenir d'une industrie de base, « c'est-à-dire, comme l'a proclamé M. Debré, ministre de l'Economie et des Finances, un élément fondamental d'un développement économique et industriel ».

Les perspectives sociales n'ont pas été absentes.

108

« Le programme d'investissement et de rationalisation a pour objet fondamental d'améliorer la compétitivité de l'industrie sidérurgique française, permettant ainsi l'accroissement de ses débouchés et la poursuite de son expansion. Il contribuera par là même à garantir dans cette profession des possibilités d'emploi qui, à défaut d'une telle action, seraient durablement compromises.

« Cependant, un tel effort de rationalisation et d'amélioration de la productivité ne pourra être mené à bien dans ces prochaines années qu'au prix d'une diminution des effectifs ouvriers de l'ordre de 15 000 emplois pendant la durée du V° Plan. Cette prévision est fondée sur les hypothèses prudentes d'une production de 22 millions de tonnes et d'un accroissement annuel de la productivité de 5 %. Il a été tenu compte dans cette évaluation des indications du V° Plan relatives à l'évolution de la durée du travail. »

Cette réduction d'effectifs (15 000 sur un total de plus de 210 000) est proportionnellement peu considérable ; elle doit, d'autre part, être étalée sur cinq années. De sorte que, par le jeu combiné des mises à la retraite, des départs volontaires, de la limitation de l'embauchage, on devrait pouvoir effectuer une bonne partie des compressions nécessaires ; on devrait pouvoir résorber de la sorte de 7 000 à 10 000 emplois. Les licenciements seraient donc peu nombreux, à supposer même qu'on doive en arriver là, car il se peut aussi que la conjoncture évolue favorablement, hypothèse que les auteurs du Plan, par prudence, n'ont pas voulu faire entrer en ligne de compte dans leurs prévisions. Et quelques milliers de reclassements, étalés sur cinq années, ne devraient pas poser de très gros problèmes.

En termes généraux, on peut dire que les dispositions sociales de la Convention vont dans deux directions :

— Assurer à chaque homme qui perdra son emploi un maximum d'aide et de possibilités facilitant son reclassement ;

— Intensifier l'effort en vue de la création d'activités nouvelles et, par conséquent, d'emplois nouveaux dans les régions sidérurgiques.

En ce qui concerne plus particulièrement la sidérurgie, on ne devrait pas craindre le chômage. Jusqu'à ces dernières années, la sidérurgie embauchait chaque année près de 4 000 travailleurs étrangers : Italiens, Belges, Algériens, Espagnols, Portugais. Il sera normal — et cela a commencé en

109

1965 — de recruter moins d'étrangers pour compenser une partie au moins de la baisse des offres d'emploi.

Mais le vrai problème reste posé par l'accession des jeunes hommes à l'âge de l'activité.

Il est certain que la sidérurgie va bénéficier d'un véritable « remodelage » amorcé en 1966 et qui va se réaliser jusqu'en 1970.

De proche en proche, ce remodelage imposera d'autres « re-structurations » générales, ce qui sera en somme un rajeunissement de la Lorraine.

Mais les hommes risquent d'être personnellement lésés par la recherche d'une productivité accrue. Ils auront le choix en principe entre l'émigration et la rééducation, mais seulement dans le cas où la Lorraine se couvrira de nouvelles entreprises.

Deux initiatives sont appelées à se développer très rapidement : la première est la mise en place de centres de formation professionnelle accélérée pour rendre plus aisée la reconversion de la main-d'œuvre qui ne pourra pas être remployée dans des entreprises sidérurgiques ; la seconde est la constitution d'une société financière professionnelle destinée à prendre des participations de faible importance dans des entreprises acceptant d'employer des ouvriers de la sidérurgie reconvertis.

Par le biais d'une disposition d'ordre social, on va donc enfin aboutir à essayer de doter la Lorraine de ce dont elle a si longtemps manqué : un éventail d'industries diverses.

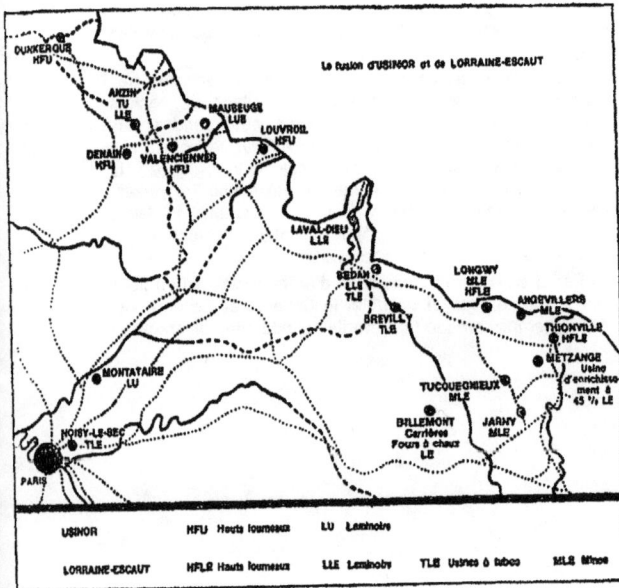

La fusion d'USINOR et de LORRAINE-ESCAUT

DUNKERQUE
HFU

ANZIN
TU
LLE

MAUBEUGE
LUB

LOUVROIL
HFU

DENAIN
HFU

VALENCIENNES
HFU

LAVAL-DIEU
LLE

LONGWY
MLE
HFLE

SEDAN
LLE
TLE

ANGEVILLERS
MLE

BREVILLY
TLE

THIONVILLE
HFLE

MONTATAIRE
LU

METZANGE
Usine
d'enrichisse-
ment à
45 °/, LE

TUCQUEGNIEUX
MLE

NOISY-LE-SEC
-TLE

BILLEMONT
Carrières
Fours à chaux
LE

JARNY
MLE

PARIS

| USINOR | HFU | Hauts fourneaux | LU | Laminoir | | |
| LORRAINE-ESCAUT | HFLE | Hauts fourneaux | LLE | Laminoir | TLE Usines à tubes | MLE Mines |

111

L 'EXEMPLE de la Ruhr a été souvent présent à notre esprit :

La Ruhr, c'est :

les industries lourdes :
— le charbon : gaz, coke, électricité ;
— l'acier ;
— le cuivre, le zinc, l'étain, le plomb, le nickel, le cobalt, l'aluminium (fonderies).

les industries mécaniques :
— machines-outils de tous les types ;
— véhicules (des locomotives aux camions) ;
— l'appareillage électrique ;
— les machines textiles ;
— le matériel d'équipement mécanique, etc. (pour les industries chimiques et les industries alimentaires) ;
— les machines agricoles ;
— le matériel de manutention.

les industries chimiques :
— acide sulfurique ;
— soude ;
— produits pharmaceutiques ;
— explosifs ;
— couleurs d'aniline ;
— huiles, goudrons, benzols ;
— engrais ;
— essence synthétique ;
— caoutchouc synthétique.

les industries de complément (surtout axées sur la consommation locale) :
— filatures (laine, coton, soie, textiles artificiels) ;
— confection (main-d'œuvre féminine) ;
— cuir.

Et voilà. Tout commentaire affadirait la valeur de la comparaison entre la Lorraine d'aujourd'hui et la Ruhr vieille de trente ans...

Quoi qu'il en soit, un but nous paraît s'imposer. Il faut essayer de faire de la Lorraine une réplique moderne et française de la Ruhr. Dans cette optique on pourra juger des projets actuels. On en trouve un résumé dans le rapport que M. Maurice Halff, président des H.B.L., a proposé à l'approbation de la Commission de Développement Economique Régional de la Lorraine, le 15 juin 1966.

« Même si les grandes industries lorraines traditionnelles sont consolidées par les mesures appropriées, la nécessité subsiste de développer des activités nouvelles, car l'influence de la forte natalité se trouve aggravée par la perspective d'avoir à reconvertir très rapidement le personnel des mines de fer et celui des bases de l'O.T.A.N., ainsi que les excédents de main-d'œuvre du secteur agricole, en voie de remembrement.

L'un des membres de la section a insisté pour qu'il soit fait mention de son opinion, que le sous-emploi serait allégé par une réduction générale de la durée du travail, conduisant à répartir les tâches entre un plus grand nombre de travailleurs. La préparation d'une réduction progressive vers 40 heures lui paraît constituer le volet complémentaire des mesures d'industrialisation. Mais la majorité des membres craint que cet aménagement n'aggrave la dépression économique par le renchérissement des coûts, alors qu'il s'agit d'obtenir un sursaut d'activité. L'aménagement de la durée du travail ne leur a pas paru devoir dépasser les normes prévues par le Plan.

Les meilleurs emplacements pour des zones industrielles ont déjà été déterminés, et l'équipement de plusieurs d'entre elles a été entrepris.

Enfin, une assez large prospection a été faite auprès de firmes parisiennes, ou d'autres centres industriels, par les soins d'organismes spécialisés, notamment la S.O.D.I.C. La prospection va être reprise et rendue quasi permanente

Si les résultats n'ont pas paru jusqu'à présent être à l'échelle de nos problèmes, il faut bien voir :

1° que l'excédent de personnel est un phénomène très récent, notamment dans la zone sidérurgique ;

2° que la conjoncture a été relativement basse depuis deux ans, et n'a pas favorisé les initiatives des industriels ;

3° le préjugé défavorable dont souffre la région lorraine ;

4° les entraves administratives à la création de zones industrielles.

114

Le choix des branches dont le développement, ou l'introduction, peut être envisagé dans la région doit reposer sur les idées suivantes :

— apporter un complément aux industries existantes, soit en leur apportant des matières ou des services (entretien), soit de préférence en poursuivant l'élaboration des produits ;

— s'appuyer sur des débouchés qui ne risquent pas de disparaître dans peu d'années ;

— créer des emplois nombreux, directs ou indirects, sans qu'il y ait lieu pourtant de songer à des industries peu évoluées ou de faible productivité.

a) En association avec les houillères et leur chimie, on peut penser à des industries reprenant les grands produits intermédiaires pour aller jusqu'à l'objet fabriqué, dans les branches suivantes :
— matières plastiques ;
— fibres synthétiques (polyesters, acryliques, polyamides) ;
— caoutchoucs ;
— enduits, colles, goudrons ;
— peintures et vernis.

On peut considérer aussi, à l'opposé, qu'une raffinerie de pétrole au nord de Metz pourrait fournir à la chimie de Carling une part des essences nécessaires, tandis qu'elle alimenterait la sidérurgie en combustibles spécifiques non concurrents du charbon. La date optimale de construction de cette raffinerie a déjà fait l'objet d'une étude par la mission économique auprès de la préfecture régionale.

b) En association avec la sidérurgie, il apparaît à tous que la transformation des métaux ferreux doit recevoir une impulsion importante. La mécanique générale, l'électromécanique sont insuffisamment développées au voisinage des installations sidérurgiques.

En toute objectivité, il paraît indispensable de souligner ici que, si des créations d'industries nouvelles ne sont pas intervenues davantage depuis dix ans, la raison essentielle en a été que la main-d'œuvre disponible faisait totalement défaut.

Il est exact que cette situation est en train de se retourner assez brutalement, mais il s'agit-là d'un phénomène récent. Par ailleurs, dans la « zone du fer », une société

115

envisage de créer 500 emplois à Pierrepont, près de Bazailles ; une autre, plus de 200 à Trieux et une troisième, entre 100 et 200 à Baroncourt, près de La Mourière.

Certes, de telles entreprises de transformation pourraient espérer obtenir des commandes des industries de base, pour l'entretien et pour les travaux neufs. Mais, comme nous l'avons dit, elles devront s'efforcer d'obtenir aussi d'autres débouchés capables de prolonger et d'élargir ceux que peuvent offrir ces deux gros clients, houillères et sidérurgie, afin d'échapper aux aléas de leurs programmes.

Les entreprises de construction métallique lorraines — une trentaine — ont une place tout à fait particulière dans l'économie de la région. Pendant les années d'après-guerre, elles ont connu une assez forte expansion, liée au développement de la sidérurgie, des mines de fer et des houillères.

Les travaux neufs s'étant trouvés arrêtés dans les secteurs de base et le bâtiment connaissant un fort ralentissement d'activité, la construction métallique s'est trouvée dans une situation difficile, le potentiel de production dépassant constamment la demande. Cette crise, de conjoncturelle, est devenue structurelle, car il s'agit, dans leur grande majorité, d'entreprises créées pour la région et devant vivre de commandes régionales. Il sera donc nécessaire, si comme cela semble probable la stagnation des industries lourdes se poursuit et si les commandes d'Etat en particulier dans le domaine des Ponts et Chaussées restent aussi restreintes, de restructurer complètement la profession, de réduire sa capacité de production par l'élimination des entreprises non rentables, par des fusions et concentrations et de rechercher de nouveaux débouchés. Ce mouvement de rationalisation a d'ailleurs commencé en Meurthe-et-Moselle et dans les Vosges, de nombreuses entreprises de ces départements s'étant spécialisées dans des fabrications particulières qui leur ont permis soit de trouver de nouveaux marchés, soit d'étendre le cadre géographique de leur activité. Ce mouvement doit être poursuivi et amplifié avec l'encouragement des Pouvoirs publics.

c) En association avec le textile lorrain, la voie est déjà ouverte pour le traitement et la transformation des tissus :

— teinture ;
— confection ;
— bonneterie ;
— tissus spéciaux pour l'industrie.

116

Plusieurs des tissages fermés offrent des locaux vacants pour ces industries. Compte tenu de l'importance des réseaux commerciaux, ce sont surtout les grosses firmes intégrées qui apportent le plus de garanties à la bonne marche future des nouvelles implantations.

Les activités dont nous venons de parler, offrent, pour certaines d'entre elles, un trait favorable à leur implantation.

C'est que les industries pré-existantes peuvent s'y associer en capital, ou leur apporter une aide active, technique, commerciale, ou dans l'ordre de la recherche. Cette aide pourrait être déterminante, au moins dans une phase de démarrage.

Il ne faut pas songer cependant à écarter des activités d'un type tout différent et indépendantes des grands secteurs du chapitre II. De telles créations industrielles sont d'ailleurs seules à envisager dans les zones dont les problèmes d'emploi, comme la Meuse, ne résultent pas du ralentissement des industries anciennes.

Des problèmes de reconversion immédiate (salariés des bases alliées) se superposent au reclassement échelonné dans le temps de la main-d'œuvre agricole.

Les impératifs d'action à entreprendre se situent sur deux plans :

— l'un général, qui consiste à tout mettre en œuvre pour favoriser l'implantation d'industries nouvelles;
— l'autre particulier, qui consiste à tenir compte des diversités économiques pour moduler les taux d'incitation au développement des investissements privés :

a) aménagement de zones d'accueil pour les industriels dans la région verdunoise;

b) découpage géographique mieux adapté aux besoins réels de l'économie meusienne, par un classement en zone II (possibilité d'octroi de la prime d'adaptation) du « Centre de Peuplement de Verdun » et de la région d'Etain et par un classement en zone III de l'ensemble des cantons situés sur la vallée de la Meuse et des cantons où les dégagements en agriculture sont les plus importants (Vigneulles-Pierrefitte-sur-Aire - Gondrecourt-le-Château - Vavincourt - Vaubecourt - Triaucourt).

D'une manière générale pour les quatre départements, les industries indépendantes pourraient être :

117

— soit des industries qu'on trouve partout : alimentaires, industries du bois et du meuble, matériaux de construction;

— soit des industries plus fines et plus savantes : électronique, instruments de mesure, produits pharmaceutiques.

Ces deux groupes ne pourraient être aidés que par eux-mêmes et par l'Etat. Pour le dernier d'entre eux, la formation professionnelle revêt une importance particulière. Elle est déjà en cours mais n'a pas atteint encore dans toutes les spécialités le niveau souhaité. Il convient de signaler le projet de création d'instituts universitaires de technologie, qui formeront des techniciens supérieurs.

En fait, il n'est pas possible d'établir une liste d'activités constituant un programme, le choix étant avant tout entre les mains des entrepreneurs intéressés. Il convient de définir plutôt les mesures d'incitation qui pourront être annoncées, et appliquées.

Les aides financières

Les modalités de la prime d'équipement ou de la prime d'adaptation industrielle sont maintenant bien connues, et le classement des différentes zones sensibles de la région a été revu ou confirmé au début de cette année.

Ces primes n'ont pas, depuis leur création, montré une grande efficacité, même dans les zones où elles sont au taux maximum de 20 %.

Une mesure complémentaire doit être recherchée dans l'accès aux financements à long terme, à taux d'intérêt bas. Votre section ne voudrait pas prôner une hérésie économique, telle que le financement par des fonds à long terme de machines ou d'appareils de vie plus courte. Le visage des prix de revient en serait faussé.

Mais le terrain, l'immeuble, la viabilisation sont du ressort du long terme, puisqu'ils ne se déprécieront pas vite, et risquent même de prendre de la valeur avec l'afflux d'activités ultérieures. Au départ, ils doivent être « portés » plusieurs années avant leur pleine utilisation.

Pour cette raison, une partie importante des fonds à long terme doit être mise à la disposition des collectivités locales qui prendront l'initiative de créer et d'équiper des zones industrielles réunissant les conditions voulues.

En tout état de cause, l'inégalité des régimes d'aides des Etats à l'intérieur de la Communauté des six pays est

118

particulièrement grave, surtout du fait qu'elle provoque,
dans les régions limitrophes de la Lorraine des inégalités
de densité industrielle fort préjudiciables à notre région.
Certes, la législation du Marché commun implique, compte
tenu des règles de concurrence, que les aides des Etats
soient particulièrement définies et limitées. Il faut cependant
remarquer que certaines pratiques dites « coup par coup »
concédées par des Etats voisins vont très au-delà de celles
officiellement codifiées au grand jour en France. En République Fédérale Allemande, notamment, la juxtaposition des
aides officielles du gouvernement fédéral et de celles « à
la tête du client » pratiquées par les Länder et non codifiées,
sont un avantage considérable pour les régions frontalières
allemandes.

La région a recensé des zones offrant une surface
suffisante pour recevoir tous les emplois désirables. La
Société d'Equipement du Bassin Lorrain a déjà équipé
neuf zones, et elle en prépare huit autres.

Zones achevées	Zones en préparation
Sarreguemines,	Faulquemont,
Morhange,	Metz - Ind. lourde,
Suzange,	Metz - port,
Bar-le-Duc,	Sarrebourg,
Verdun,	Nancy,
Ligny-en-Barrois,	Golbey-Chavelot,
Golbey,	Saint-Mihiel,
Lunéville,	Velaines.
Toul.	

Elle a aussi fait un essai de bâtiments préconstruits.
Cette solution, actuellement écartée, est peut-être à reprendre sur une autre base en recherchant une adaptation du
plan de bâtiment à chaque projet particulier. Mais l'insuffisance des moyens financiers dont dispose la S.E.B.L.
freine actuellement son action.

Le gouvernement a annoncé son intention de mettre
en place un système de financement plus puissant. Il
recherche parallèlement des prêts de la C.E.C.A. pour les
zones où les mines et la sidérurgie sont impliquées. Il
compte utiliser aussi la Société de Développement Régional
(LORDEX) pour assurer la distribution du crédit plus largement aux entreprises. Les S.D.R. dans leur état actuel n'ont
pas assez de fonds propres pour intervenir par elles-mêmes.

et les emprunts groupés qu'elles peuvent réaliser sont relativement coûteux.

On peut espérer que le récent contrat avec le ministre des Finances pourra donner une ouverture dans ce sens.

En outre, une procédure décentralisée en matière d'octroi des aides au niveau de la région apparaîtrait particulièrement efficace.

Enfin, c'est encore le gouvernement qui, en autorisant l'entreprise nationalisée H.B.L. à diversifier ses activités, assurera par cette voie une part des financements dans les nouvelles fabrications.

La section note avec satisfaction que la nouvelle Association, animée par M. Quesnel, va introduire une coordination entre les aides de l'Etat, l'action des organismes régionaux et des collectivités, et la prospection auprès des chefs d'entreprise. Toutefois, l'action de M. Quesnel, parce qu'elle est limitée à deux départements, suscite de légitimes inquiétudes dans la Meuse et les Vosges, dont les problèmes sont de nature particulière et pourraient nécessiter la création d'un second bureau de développement industriel.

Telles sont les voies dans lesquelles il convient de s'engager compte tenu des perspectives que l'évolution structurelle européenne, nationale et régionale, dessine pour la Lorraine.

Le problème est celui que pose essentiellement la mutation économique du dernier tiers du XX° siècle qui est l'élévation nécessaire de la productivité agricole et de la productivité de l'industrie.

Cette double tendance s'exerce à plein en Lorraine, dont les activités traditionnelles étaient en grande partie liées au sol. Les activités les plus progressives sont, au contraire, celles dont la localisation répond à d'autres critères.

Il s'agit donc d'un problème nouveau dont la solution doit être trouvée dans des incitations propres à promouvoir de nouveaux secteurs d'activités.

Dans cette direction, l'action entraînante des Pouvoirs publics et des industries existantes est nécessaire tant que le mouvement déclenché n'aura pas atteint l'ampleur qui lui assure une progression spontanée.

A défaut d'un engagement immédiat d'une telle action d'entraînement, le problème de l'emploi risque de se résoudre par une migration des travailleurs au-delà de la frontière, vers des zones économiques actives et de poly-industrie. Jusqu'à présent, des migrations vers la Sarre ont masqué, en partie, la réalité du déséquilibre de l'emploi. Une telle solution n'est pas tolérable par sa précarité et par la perte de substance nationale qu'elle entraîne. D'un point de vue européen, elle ne serait acceptable que si elle n'était pas à sens unique, et qu'elle pouvait être compensée par des investissements étrangers, en particulier en provenance de la Communauté européenne.

D'où l'impérative nécessité de promouvoir une politique communautaire de l'investissement, notamment en normalisant les aides financières des Etats, car le décloisonnement des frontières engage, au-delà des responsabilités du gouvernement national, celles des institutions européennes.

En tout état de cause, il est une stratégie des régions frontalières qui, au moment où les frontières économiques s'estompent, se développe en particulier en Belgique et en Allemagne, en vue de renforcer le potentiel industriel de ces régions. Ainsi risque d'être aggravée la force d'absorption qui provient de la zone Ruhr - Rotterdam - Anvers.

La France ne saurait rester sans réagir. Les grandes concentrations et fusions qui s'amorcent dans notre pays devraient être déterminantes pour que ne soit point démantelé le dispositif industriel lorrain qui a fait de cette région une place forte de l'économie française.

Dans une telle perspective, la CODER souhaite que la production industrielle régionale dont les entreprises existantes assurent déjà le progrès à un taux de croissance élevé s'accompagne d'une expansion de la production seule susceptible d'élever le niveau de l'emploi à la mesure d'une démographie en plein développement et des légitimes aspirations d'une jeunesse désireuse de poursuivre son destin sur sa terre natale. »

Tel est le résumé du problème lorrain et des solutions préconisées par les Sages.

UN des plus grands patrons du XX' siècle, Edouard Michelin, qui à bien des titres pourrait être nommé Michelin le Précurseur, disait à ses collaborateurs : « Poser un problème, c'est le résoudre. » Poser un problème n'est pas si facile...

Si le problème lorrain est bien posé, il sera résolu.

Tandis que nous essayions d'en classer les divers « postes », certaines leçons de M. J.F. Gravier nous amenaient à simplifier les éléments de réflexion :

« Une synthèse des enseignements de l'expérience montre vite que trois éléments sont nécessaires et suffisants pour qu'une zone géographique puisse s'engager dans la voie du progrès. Ces trois éléments sont : l'eau, l'énergie et les transports. »

Il cite l'exemple de la Suisse :

« C'est parce qu'il a misé sur les cerveaux (selon l'expression américaine) que ce petit Etat pastoral et montagnard assure aujourd'hui à 135 habitants par km² (contre 86 en France) le niveau de vie le plus élevé du continent. »

Il cite aussi l'exemple, l'extraordinaire exemple d'Israël, dont il met en lumière l'esprit d'entreprise et la volonté de promotion humaine (1).

Sommes-nous loin du problème lorrain ? Il faut que la Lorraine ait de l'eau, de l'énergie, des transports. Et aussi des cerveaux. Et puis une pincée de poivre : un peu d'audace, c'est-à-dire le sens de l'avenir.

De l'eau, on sait comment on pourrait en avoir, parce qu'il y en a. Il faut la puiser là où elle est, aurait dit La Palisse. Et la dessaler. Et la stocker.

Comment se débrouillera la Lorraine en 1990 quand elle aura (1990, c'est demain) trois millions d'habitants ? Ira-t-elle chercher l'eau à Dunkerque ? Croit-on que les Belges pourront se priver d'eau pour désaltérer la Lorraine ?

———
(1) Alors que la France souffre d'une pénurie d'ingénieurs, Israël en a trop, au point qu'on peut envisager de faire de ce pays si dépourvu une sorte de laboratoire général pour les grandes industries d'Occident.

De l'énergie. Premièrement, les Lorrains ont du charbon et même du gaz. Deuxièmement, ils ont du charbon. Troisièmement, etc. Et puis, il n'y a pas que le charbon : le fuel est à portée de main.

Des transports. En d'autres termes, des routes d'eau, des routes terrestres et aussi des routes aériennes. Que la Suisse ait réussi ce paradoxe de servir de lieu de passage, alors que la configuration du sol la destinait à être une île au milieu des terres, cela passerait l'entendement ?

Des cerveaux. Ma foi, les Lorrains ne sont pas plus sots que d'autres. Si ceux qui sont capables d'inventer, de créer, d'organiser, de vendre trouvaient en Lorraine de quoi exercer leurs méninges, ils ne s'exporteraient ni à Paris, ni en Auvergne, ni en Sarre. Il y a eu jadis de grands Lorrains. La graine en serait-elle perdue ?

Pour faire jaillir de l'eau, pour fabriquer de l'énergie, pour assurer les communications et pour mobiliser les cerveaux, nul n'ignore que c'est une question d'argent.

Aujourd'hui, la Lorraine produit de moins en moins de profits. Il fut un temps où elle « rendait ». Ce temps est révolu. Mal préparée à soutenir les assauts de la concurrence, travaillant dans des conditions très difficiles et partant fort coûteuses, incomplètement structurée, elle ne peut pas payer les investissements de tous ordres qui sont indispensables.

C'est ce qu'on peut appeler un passage à vide, ce moment où la bête, recrue de fatigue ou insuffisamment musclée, n'est plus capable de trouver les forces du coup de collier.

Le problème est pourtant on ne peut plus simple. D'une part, faire en sorte qu'avec beaucoup moins d'hommes la Lorraine produise bien davantage. D'autre part, mettre au travail et nourrir (+ vêtir, + loger, + distraire) beaucoup plus d'hommes et encore beaucoup plus, d'année en année.

De toute évidence, il est interdit d'hésiter sur le premier point. Si au milieu du Marché commun, la Lorraine veut vivre, elle se veut concurrentielle. Il faut donc réduire le prix de revient, ce qui oblige à remplacer des hommes par des machines.

Inversement, ce surplus humain qui est déjà en train de se dégager, il faut lui donner du travail, pas du travail d'ateliers nationaux, mais du travail dans les plus pures conditions de sévérité et de prix de revient. Il est donc nécessaire de créer de nouvelles industries très modernes, très rentables, très compétitives.

C'est donc l'heure des cerveaux.

En tournant et en retournant les données du problème, les responsables finiront bien par s'apercevoir qu'il ne suffit pas :

d'améliorer l'infrastructure (donner de l'eau, construire des canaux et des routes),

de fournir l'énergie,

de rationaliser les industries existantes,

de créer des industries complémentaires (même si elles paraissent aujourd'hui « spectaculaires »).

Tout cela est évidemment élémentaire, en ce sens que la valorisation du potentiel actuel est une tâche dont la mise en œuvre s'impose immédiatement, parce qu'elle est en bonne logique au premier rang de nos devoirs.

Mais en bonne « prospective », oserait-on affirmer que cette valorisation est suffisante ? que la Lorraine sera tirée d'affaire ?

Les gens à courte vue ne comprennent pas que la période de 1967-1970 (et années suivantes sans doute) est une période transitoire. Rien de plus. On va se contenter de parer au plus pressé en rapetassant, en ravaudant, par des décisions qui relèvent de la politique du raccommodeur. Il y a des dégâts dans tel ou tel secteur, mettons-y quelques agrafes ! Une mine de fer n'est plus rentable, elle va fermer, plaçons les hommes ou même mettons-les en retraite. Ici une mine, là un atelier qui débauche, on peut toujours trouver des solutions de détail afin de limiter le chômage ou le masquer.

Le problème est pris aujourd'hui avec le souci évident de ne pas laisser subir aux hommes les conséquences des réformes internes de l'industrie lourde. On est bien d'accord pour essayer de sauver la sidérurgie en la rationalisant et en la rendant autant que faire se peut compétitive, on étale sur cinq ans ce progrès fatal (dont on se serait bien passé... si la concurrence ne nous avait pas pris à la gorge), et on profite de cet étalement pour essayer de caser les travailleurs soit en les reconvertissant soit en les déplaçant. C'est ainsi que la sidérurgie avale des mineurs (de charbon et de fer) ou que des industries de complément, nées parfois sur

125

l'initiative des charbonnages par exemple, avale d'ex-sidérurgistes, etc.

Dans le même esprit, la Lorraine a confié à un organisme de représentation d'un genre assez nouveau le soin de recruter des industries : M. Quesnel est en somme un commis-voyageur en implantations industrielles. Il vend l'idée lorraine à des industriels en mal de décentralisation. Certes, nous le savons bien, M. Quesnel veillera à ce que des industries qui seraient mal placées en Lorraine ne viennent pas s'y installer, obéissant ainsi aux préoccupations de l'Aménagement du territoire et même particulièrement du Premier Ministre. Mais cette disposition négative donnera-t-elle à la Lorraine les industries qu'elle doit souhaiter d'intégrer, les industries d'avenir ? Loin de nous le dessein de critiquer la mission de M. Quesnel qui fait œuvre utile. Mais nous ne pouvons nous empêcher de penser que M. Quesnel fait du provisoire, même s'il le fait très bien, et que ce provisoire sera totalement insuffisant si...

...Si la Lorraine ne peut plus être le grand pays français du fer.

Voilà la grande menace, voilà le vrai problème. Aujourd'hui tout le monde se voile la face. On prodigue de bonnes paroles aux Lorrains, si courageux, etc., parce que leur sidérurgie, on la leur conservera, et leur fer, leur chère minette désuète et d'un prix de revient excessif, on continuera à l'exploiter. Mais les esprits seront-ils dans les mêmes dispositions dans cinq ans, dans dix ans ? Sera-t-il tolérable que le fer lorrain, l'acier lorrain coûtent plus cher que le fer mauritanien et que l'acier de Dunkerque, de Gênes, d'Amsterdam et demain de Fos ?

Personne n'ose dire que la minette est condamnée à plus ou moins longue échéance et pourtant si ce n'est pas une certitude inéluctable, c'est vraiment un risque vraisemblable que nous devons, si nous sommes honnêtes avec nous-mêmes, prendre dès maintenant en considération.

Et si la minette n'est plus compétitive, pourquoi les hauts fourneaux et des laminoirs resteraient-ils à côté des mines fermées ?

Les illusions sentimentales ne résistent pas à l'analyse. Si le fer lorrain est condamné par les comptables, peut-on croire que la France d'abord, l'Europe ensuite, le sauveront ?

126

Et le charbon ? Il est dans une situation aussi déplorable. Dans peu d'années, le seul client important sera l'E.D.F.

A la condition que l'E.D.F. adopte l'usine thermique comme solution économique. Rien ne prouve aujourd'hui qu'il sera réellement moins cher, tous comptes faits, de produire l'électricité à partir du charbon que de transformer l'énergie nucléaire en énergie électrique. Si la pile atomique est d'un prix de revient inférieur à celui de l'usine thermique, peut-on douter un seul instant que le charbon est condamné en tant que source d'énergie ? Alors, que restera-t-il ? La carbo-chimie. Et cela suffira-t-il à faire tourner les houillères, dont une faible partie (25 % ?) sera sans doute suffisante.

En face de ce bilan, il ne nous reste plus qu'à répéter le nombre des Lorrains qui en 1990 voudront vivre : 3 000 000. L'émigration massive sera pour eux la seule solution. Ce n'est évidemment pas une solution pour la Lorraine. Au milieu de très riches régions industrielles dans le centre de l'Europe active, la Lorraine deviendrait une sorte de désert, un lieu de passage... une patrie dont les enfants ont émigré...

Au moment où le gouvernement français établit à Pont-à-Mousson (entre Nancy et Metz, villes rivales et pourtant étrangement solidaires) une commission (1) chargée de mettre en œuvre les structures futures de la métropole régionale (Nancy, Metz, Thionville), il est paradoxal d'envisager la ruine éventuelle de la Lorraine. Et pourtant cette optique pessimiste est certainement plus raisonnable et plus incitatrice que la confiance béate en un miracle improbable.

Et même si le miracle a lieu ? Imaginons que le fer lorrain puisse être valorisé, enrichi au point de pouvoir lutter contre celui de Tindouf et celui d'Ouenza, imaginons que le charbon lorrain mérite une exploitation intensive, cela change-t-il au total quelque chose au problème de l'avenir ? Il ne s'agirait plus d'une substitution, c'est-à-dire d'un sauvetage, mais d'une expansion.

Et, nous le savons tous, l'augmentation de la population rend cette expansion nécessaire.

En réalité, cette expansion est une révolution. La Lorraine a besoin de faire peau neuve. Elle a besoin de posséder, à côté ou à la place de ses industries lourdes d'aujourd'hui, d'autres industries très puissantes, les industries de demain.

---

(1) Présidée par M. Piquard, installée en octobre 1966

Le monde évolue avec une accélération prodigieuse. L'avenir appartiendra à ceux qui aujourd'hui sont capables de penser le monde de l'an 2050. Car l'an 2000 qui nous paraît un horizon lointain ne sera au plus qu'une époque de transition, et ne sera même pas un point de repère historique.

Si nous sommes encore dans un monde fini, nos descendants de 2050 seront aux prises avec les problèmes d'un monde quasi infini. Leurs possibilités bénéficieront d'une progression géométrique.

Dans la course à la puissance, la Lorraine part de zéro. Son handicap est lourd : mal desservie par des transports quasi inexistants, manquant d'eau, disposant d'une énergie coûteuse et arriérée, n'ayant pratiquement qu'une richesse minérale dont la valeur est discutée, dotée d'une agriculture rétrograde, la Lorraine de 1966 n'a presque aucune chance d'être encore dans un demi-siècle la Lorraine, c'est-à-dire une région vivante, dynamique, possédant une personnalité. Si l'on se contente d'y installer des fabriques de chaussures ou de marmites, des entreprises de confection ou des ateliers de moulages, de plastiques, etc., la Lorraine aura raté sa chance et perdu à jamais la place qu'elle peut avoir au centre de l'Europe.

Lorsque nous avons cherché un titre pour cet essai, nous nous demandions comment résumer en une formule aussi ramassée que possible non point le problème lorrain mais la nécessité où est acculée la Lorraine de surmonter son destin. La Lorraine ne possédera bientôt peut-être à peu près rien de valable en fait de richesse dormante.

Rien, sauf sa vitalité.

Rien, sauf sa force vive.

Rien, sauf l'homme lorrain.

Si nous partions de l'idée que la Lorraine est une sorte de Chine ou, si l'on veut, qu'elle pourrait être le Japon de 1946, peut-être pourrions-nous dessiner les grandes lignes de son avenir et définir les tâches urgentes :

pour l'homme ;

pour l'infrastructure ;

pour la restructuration.

L'homme d'abord. La France manque de cadres, la France manque de cerveaux. Et la Lorraine en manque encore bien davantage.

L'essentiel et le primordial, c'est de fabriquer des cerveaux.

La matière première ne fait pas défaut. On peut croire que les Lorrains ne sont pas plus inaptes au travail intellectuel que les Allemands, les Provençaux, les Suisses ou les Texans. La seule difficulté, c'est de les pousser à faire un effort intellectuel.

Construire des écoles ne suffit pas. On en fera, on en distribuera davantage à travers les cités et les bourgs. Cela est déjà commencé. A trop faible dose, on le sait. Mais il y a un tel retard, accumulé depuis vingt ans... Nous ne devons rien négliger sur ce plan et la scolarisation des jeunes jusqu'à 19 ans doit devenir d'abord possible, puis obligatoire.

L'homme, le facteur humain, on le calcule trop souvent en quantité. Le poids d'une nation, d'une région, d'une ville même semble s'exprimer par le nombre des habitants. Nous ne pouvons pas nier que la loi du nombre soit justifiée. Il est trop certain que lorsque la puissance se traduisait par le nombre des divisions, Staline avait raison de mépriser la petite France et le Vatican inexistant. Mais le nombre n'est pas tout : le poids d'un peuple dépend aussi de sa densité cérébrale. Un petit peuple instruit et travailleur vaut dix fois une énorme population inculte et paresseuse.

Nous devons à la vérité de reconnaître que le nombre des gens qui ont fait des études moyennes ou supérieures est infime, nettement inférieur en Lorraine, nous l'avons vu, à la moyenne française et très inférieur à la moyenne européenne, particulièrement à la moyenne suisse, etc.

Par ailleurs, la Lorraine est-elle peuplée de paresseux, d'indolents, de chômeurs ou de semi-chômeurs professionnels ? Au contraire, on y respire une ambiance de travail et d'effort. Le fameux courage lorrain dans l'adversité, dont on nous rebat un peu trop les oreilles aujourd'hui, est fait non de résignation et de fatalisme mais tout au contraire de force d'âme, d'énergie, de dépassement personnel. Le Lorrain est un homme qui résiste, qui laisse passer l'orage ou l'invasion... ou la crise. Il n'attend pas que tout aille bien pour se redresser. Il rebâtit sa maison avant qu'un miracle l'ait remise debout.

Il n'est donc pas grave que les Lorrains n'aient pas assez d'ingénieurs, de médecins, de techniciens. La Lorraine aura ses cadres quand on lui aura donné les moyens d'en avoir et si l'on incite les Lorrains à se tourner vers les car-

rières intellectuelles. Pour parler en termes simples, le jour
où les Lorrains s'apercevront que l'on ne peut plus gagner
facilement de hauts salaires et que pour avoir le même
niveau de vie, il est indispensable d'avoir un bagage scientifique, les enfants ne seront plus détournés de l'école ou
du collège. En s'opposant à l'extension du statut de mineur
pour les ouvriers des entreprises annexes, le Premier
Ministre a pris courageusement une première mesure salu-
taire.

On peut en envisager d'autres. Pour fabriquer des cerveaux, il faut *payer les cerveaux.* L'appât du haut salaire
de demain est une incitation mais on ne mobilisera les candidats qu'en leur assurant, pendant la période des études,
un salaire au moins égal à celui que leur procurerait une
besogne routinière ne réclamant aucun effort intellectuel.

La Lorraine a aussi le plus urgent et le plus vaste besoin
de professeurs, de vrais maîtres. Le seul moyen d'attirer et
de retenir des étudiants, l'unique aimant des intelligences,
n'est-ce point le professeur célèbre, le savant ? Déjà, l'Université de Nancy qui est une des plus complètes de France,
peut être considérée comme une base intellectuelle de tout
premier plan. Elle compte déjà des maîtres dont la réputation
est grande.

Mais il semble que la politique culturelle de la Lorraine
devrait être d'attirer davantage de sommités scientifiques, lit-
téraires et juridiques : Nancy est une ville très française, tandis que Strasbourg est une métropole internationale. La vocation de Strasbourg est sans doute de devenir une grande
plate-forme européenne. Voilà qui est bon et qui servira haute-
ment le rayonnement de l'Alsace et de la France. Mais
Nancy, (à l'autorité universitaire de qui l'on doit rendre la
Moselle, injustement et sottement séparée du tronc lorrain),
Nancy aura une mission plus sérieuse : l'université lorraine
doit être d'abord une capitale scientifique, avec de grandes
écoles d'ingénieurs, et un centre de recherches d'avant-
garde. Il faut recréer une « Ecole de Nancy ». Jadis « l'Ecole
de Nancy » avait une immense audience médicale. Il est
regrettable et au fond plutôt incompréhensible que ce grand
mouvement de recherche et d'invention se soit en somme
évanoui, alors que les hommes n'ont point démérité et que
la médecine de Nancy est une des plus brillantes et des plus
sérieuses.

L'expression : « Ecole de Nancy » est une oriflamme qu'il
faut brandir. On se demande parfois si les Lorrains ont

130

encore foi dans leur valeur et dans leur destin. En moins de dix ans, on peut — si on a la foi — recréer une « Ecole de Nancy » non seulement en médecine comme autrefois, mais en art, comme autrefois, et aussi en physique et en chimie.

Sur le plan littéraire et sur le plan juridique, Nancy peut devenir un des hauts lieux de la littérature comparée, du Droit comparé, du Droit international.

Ecoles d'ingénieurs, séminaires d'étudiants, laboratoires : Nancy passe à côté de sa chance en refusant de les créer, de les doter, d'y attirer par des avantages divers les maîtres français et étrangers les plus célèbres... En leur offrant d'importantes et larges compensations financières à l'obligation de résider et en mettant à leur disposition les outils de travail les plus complets et les plus modernes, Nancy redeviendra un pôle d'attraction. C'est au maire de Nancy qu'il appartient de relancer « l'Ecole de Nancy », sans même attendre que l'Université obtienne son autonomie. (1)

Quel magnifique programme et surtout quel programme d'avenir ! Le problème de l'enseignement si on le considère selon la quantité, c'est faire des écoles, faire des lycées, y attirer le plus de gosses et de jeunes gens possible. Nous sommes tous certains que la Lorraine a besoin de Lorrains instruits, de beaucoup de Lorrains qui soient plus instruits que ne le sont leurs parents. Besogne au total très facile, mais besogne insuffisante. Si l'on veut changer du tout au tout l'avenir de la Lorraine, si l'on veut que la Lorraine puisse parier sur les cerveaux, peut-on se contenter de fabriquer des milliers de « tertiaires » ? Les investissements intellectuels sont les plus payants qui soient. Les vrais industriels savent que ce qu'ils vendent, ce n'est pas du fer ou du plastique ou de la bibine, mais de la matière grise ! La Lorraine produira des tonnes et des tonnes de matière grise, ou elle sera perdue.

_____

(1) L'autonomie de l'Université lorraine, que nous réclamons au nom de l'avenir lorrain, ne constituera pas une exception dans l'ensemble français si les pouvoirs publics appliquent les vœux du Colloque de Caen (novembre 1966) et notamment les suggestions de M. Jacques Monod. L'Université lorraine doit grouper des « départements » d'enseignement, des instituts de recherche et des laboratoires. Il est même souhaitable que sous le vocable général d'Université lorraine, plusieurs Facultés spécialisées soient dotées d'une autonomie propre, comme les grandes écoles qui y seraient annexées.

Cela, vous le sentez bien, n'est-ce pas, c'est le numéro un du « plan lorrain », la base, l'essentiel. Tout le reste serait sans valeur si l'on ne commençait pas par faire une « nouvelle Lorraine » en formant des Lorrains d'un nouveau type et en conférant à la Lorraine un éclat, une aimantation, qui la placeront vraiment au centre de la vitalité européenne.

M. PIERRE LYAUTEY résume parfaitement le problème d'une infrastructure lorraine : « Jusqu'ici les quatre départements lorrains étaient tenus pour des bastions. On parlait de la ligne bleue des Vosges. Ce bastion avait une raison d'être militaire. Aujourd'hui la Lorraine est devenue un grand carrefour. Pour jouer ce rôle, la Lorraine doit avoir une attirance. La métropole Nancy-Metz, appuyée sur une industrie lourde, puissante et rénovée, doit être un pôle d'attraction dans ce carrefour européen, autoroutier, fluvial, ferroviaire et industriel. » (1)

Une métropole n'a de sens que si elle est le cœur d'une région riche. Il n'y a point de richesse possible sans échanges et que peut-on échanger si l'on produit de moins en moins ?

La reconversion ou la restauration ou mieux : la *rénovation* de la Lorraine comprend trois parties distinctes et solidaires. Il faut donner à la Lorraine une infrastructure, il faut créer autour des industries lourdes des entreprises industrielles dérivées, il faut préparer les mutations industrielles (et techniques) de demain.

La première partie du « plan lorrain » sera donc d'abord axée sur les communications et les transports, mais aussi sur l'équipement humain.

Quoi qu'il puisse arriver dans l'avenir — soit qu'une émigration de l'industrie sidérurgique se dessine, soit que cette industrie, maintenue sur place, plafonne — il faudra donner à la Lorraine :

des canaux à grand gabarit sur trois axes : Moselle canalisée vers le Rhin, Meuse canalisée vers Namur, liaison Moselle-Saône vers la Méditerranée ;

des autoroutes vers Paris, vers Saarbrücken, vers Strasbourg, vers Dijon-Lyon ;

un réseau téléphonique qu'il faut relier d'urgence avec l'automatique de Suisse et d'Allemagne ;

un aérodrome à grand gabarit pour permettre les liaisons continentales et d'outre-mer et dans le but de créer, au

---

(1) *Revue Politique et Parlementaire*, n° 771, octobre 1966.

133

centre de l'Europe active, une véritable plate-forme internationale ;

des logements sains et modernes répartis de façon rationnelle et humaine, avec le souci de ménager les espaces verts et la volonté de donner à la Lorraine nouvelle un aspect agréable, engageant ;

de l'eau en abondance, sans craindre d'appliquer dès 1967 à la Lorraine les solutions que le monde entier sera certainement obligé d'adopter avant trente ans ;

un équipement touristique pour lequel les Vosges sont un admirable cadre, avec de grandes possibilités dès maintenant proposées au tourisme populaire, notamment à l'usage des foules urbaines de Lorraine, de Paris, de Sarre et d'Allemagne.

Sur cette infrastructure, la Lorraine pourra bâtir — autour des industries lourdes — une activité diversifiée et d'abord :

restaurer l'agriculture en lui donnant une dimension, des méthodes, des possibilités d'exportation ;

améliorer les petites ou moyennes industries qui se sont développées indépendamment des industries lourdes, les rationaliser, les aider, ce qui est tout particulièrement nécessaire pour l'industrie textile ;

créer des industries complémentaires qui sont déjà prévues, telles que la pétro-chimie, la carbo-chimie, les industries mécaniques aussi (machines-outils, machines d'équipement mécanique, machines agricoles, etc.) ;

créer des industries moyennes indépendantes à seule fin de créer des emplois : par exemple, les plastiques (cela est déjà commencé) et aussi toutes les industries de l'habillement (confection, cuir), du service (électricité, automobiles, entretien général), de l'alimentation (conserves), et même des industries sans attache : transformation du bois, manufactures de pneumatiques, industries chimiques (de l'acide sulfurique au caoutchouc synthétique, en passant par les produits divers de la pharmacie, etc.) ;

développer le commerce, en étudiant les marchés et en organisant la vente.

Mais il faut voir plus loin. Il faut sauter par-dessus les exigences de la conjoncture actuelle. On y répond très

134

suffisamment par la prolifération nécessaire des petites industries « vivrières » qui fourniront pendant très longtemps de quoi vivre aux hommes et surtout aux femmes (jusqu'à ce que l'élévation du niveau de vie permette des réductions d'emploi).

L'essentiel de la recherche prospective portera sur les industries de base. Rien n'est plus important. Dans toutes les hypothèses admissibles, le plus sûr est de « doubler » les industries lourdes, autrement dit : de ne pas miser sur la perpétuité du charbon, du fer et de l'acier, et d'agir aujourd'hui comme si demain ces industries-clés devaient disparaître ou du moins ralentir ou limiter leur activité et donc les emplois. Quand nous disons : doubler, nous voulons dire : remplacer, ou pour le moins, compléter.

L'avenir planétaire ne saurait être défini aujourd'hui de façon très... définitive. Il n'en est pas moins vrai que si l'acier restera sans nul doute un matériau essentiel, maintes fabrications permettent d'espérer de grandes réalisations. La Lorraine entrevoit des lendemains tout nouveaux :
— l'industrie aéronautique qui n'est pas réservée au sud-ouest de la France, ou à quelques usines de Grande-Bretagne ;
— l'industrie spatiale, dont l'importance n'est plus discutable et dont l'intérêt est vital ;
— l'industrie électronique, que nous n'allons tout de même pas laisser aux Etats-Unis, à l'U.R.S.S. et au Japon.

Il faut voir loin.

Fabriquer des avions, des fusées intercontinentales, des fusées interplanétaires, des machines-outils à commandes électroniques, etc., voilà qui est aussi important pour la France que pour l'Europe. Il serait imprudent d'attendre que d'autres, en Suisse ou en Allemagne ou au Japon, songent à concurrencer les Etats-Unis et la Russie. La Lorraine est disponible pour oser prendre sa place dans un tournoi triangulaire.

L'audace ne consiste pas à prendre une position discutable au milieu d'un cercle déjà occupé. L'audace est plus humble et plus calculée. Il faut aller au nouveau, chercher à prévenir les concurrents plutôt que les suivre et les rattraper, si l'on peut...

Au total, placée comme elle est au centre de l'Europe, capable d'unir les intérêts convergents de la puissante indus-

135

trie allemande et ceux de la Belgique et de la France, la Lorraine peut :

Aujourd'hui devenir un ensemble industriel complet et quasi autarcique ;

Demain servir de « plate-forme commune » pour les industries de pointe, à mi-chemin entre l'Allemagne et les pays de la côte ouest, *en faisant participer tous les capitaux européens et mondiaux* à cette accession de l'Europe aux progrès du XXI° siècle.

Insistons — lourdement — sur cet aspect essentiel du « plan lorrain ». Nous avons exprimé au début de cette étude, l'idée que la Lorraine est au centre de l'Europe. Le « plan lorrain » consiste à placer la Lorraine réellement, c'est-à-dire économiquement et par conséquent financièrement, au centre de l'Europe.

Si vous acceptez que la Lorraine se dessèche, vous n'en ferez pas ce qu'elle doit devenir :

— une région *intermédiaire*, une région dépendante, non point seulement dépendante de la France (=de Paris) mais dépendante de l'Allemagne et aussi de la Belgique, et peut-être de l'Europe du sud ;

— une région *d'accueil*, une région ouverte sans aucune restriction (officielle ou cachée) aux implantations, qu'elles soient françaises, allemandes, américaines (1) ou... japonaises.

La véritable indépendance, redisons-le avec force, consiste à être *nécessaire aux autres*. En dépendant des industries extérieures, la Lorraine se fera forte, parce qu'elle sera mieux qu'utile, elle deviendra indispensable.

Le « plan lorrain » exige que la Lorraine devienne le centre des industries européennes de pointe. Lorraine doit devenir synonyme d'avant-garde, de progrès.

Conservons tant que nous le pourrons nos industries lourdes traditionnelles, tout en les rationalisant, en les rendant compétitives. Mais ne soyons pas timorés, ne craignons point de mettre l'accent sur la promotion technique. La Lorraine ne peut plus se contenter d'être le pays du fer et du charbon avec quelques industries annexes. Il est fatal qu'elle décline si elle ne se dote pas — dans les dix

---

(1) Quand Firestone ouvre dans les Vosges une usine de fibres synthétiques, il y a là une amorce de renouveau. Mais une amorce très secondaire

années qui viennent — du grand ensemble européen d'industries nouvelles qui lui permettra de fournir à l'Europe les produits, les machines, les techniques dont elle va avoir besoin.

Il ne nous appartient pas de définir les industries de pointe auxquelles il convient d'ouvrir la Lorraine. Rédiger un catalogue serait limiter le problème. Mais on peut, on doit penser à tous les progrès techniques que les industriels français, allemands, belges sont obligés d'aller chercher aux Etats-Unis d'Amérique et au Japon d'Asie pour comprendre dans quelle direction doit s'orienter le « plan lorrain ».

La France peut-elle faire les frais d'un investissement aussi considérable ? Oui, sur le plan intellectuel. Nous ne manquons pas d'ingénieurs de tout premier plan. Et d'ailleurs, il y a aussi des ingénieurs dans toute l'Europe qui ne manqueraient pas une chance lorraine si elle leur était offerte. De même que l'Université lorraine est destinée à devenir le grand centre européen de la *Recherche*, en faisant appel aux savants les plus réputés du monde entier, de même la nouvelle industrie lorraine saura ouvrir ses portes aux spécialistes du calcul, de la chimie, de la mécanique, de l'énergie, etc., qu'ils soient français, allemands, belges, suisses, italiens, etc. Le « plan lorrain » d'avenir industriel doit permettre à tous ceux qui veulent collaborer aux progrès futurs de venir le faire en Lorraine.

Et, dans ce but, il faut ouvrir la Lorraine aux capitaux étrangers. Aux investissements intellectuels doivent s'ajouter les investissements financiers. Les capitaux ont peut-être une origine nationale, — plus souvent internationale... — mais nous pouvons être assurés d'abord que la Lorraine en a besoin et qu'ensuite les capitaux deviendront lorrains, en ce sens que la Lorraine imposera son label. Les capitaux ne sont en vérité qu'un moyen. Ce qui compte et ce qu'on retient, c'est le produit.

A ce sujet, la notion d'industrie de pointe revêt une importance majeure. Accueillir en Lorraine des productions banales, dont la mise au point en laboratoire serait faite par exemple en Amérique, ne présente qu'un intérêt secondaire : cela peut être intéressant et utile pour procurer du travail à une main-d'œuvre inemployée. Mais il faut à la Lorraine une autre indépendance que celle-là. La nouvelle industrie doit avoir *sa tête en Lorraine.* Elle sera autonome, elle sera créatrice. Elle peut être dépendante à cause de son origine financière, dépendante à cause de sa clientèle, mais il est indispensable à un véritable équilibre qu'elle soit auto-céphale. La Lorraine ne doit pas se contenter de produire, elle doit *créer*.

N'hésitons donc point à offrir aux industries *créatrices* des conditions d'implantation tout à fait spéciales et très largement favorables. Il faut donner une prime exceptionnelle aux germes, bien plutôt qu'aux rejets.

Les Lorrains mettront en œuvre un véritable « plan lorrain » dans la mesure où, se sentant totalement solidaires de l'ensemble européen, ils se rendront utiles aux autres régions d'Europe en acceptant tous les moyens, techniques et financiers, qui leur permettront d'être *nécessaires*. Le « plan lorrain » n'est point de sauver provisoirement la Lorraine, mais de lui donner les structures qui feront d'elle une partie indispensable de l'Europe, la région d'Europe la plus tournée vers l'avenir.

C'est ainsi que, selon le mot d'ordre que Jaurès et Barrès ont involontairement collaboré à nous donner, la Lorraine pourra « courir se placer au centre de l'Europe ».

Marquons d'une pierre blanche l'année 1966, deuxième centenaire de la réunion de la Lorraine et de la France. Allumons sur nos monts sacrés, à Vaudémont, sur le Donon, les feux de la foi et de l'espoir. Car il est bon qu'en cette année du souvenir nous soyons obligés de ne plus nous contenter d'être de ce temps. Une Lorraine béate n'est plus la Lorraine. La difficulté nous flagelle et nous oblige à redevenir nous-mêmes, des hommes sur qui passent la guerre et la crise, des hommes tout entiers tendus vers l'avenir.

Lorraine passée, si grande et parfois si douloureuse qu'elle ait pu être, Lorraine présente, si forte qu'elle paraisse encore, ce ne sont que vestiges, des vestiges qui n'ont rien de lorrain. L'avenir seul est capable d'intéresser l'âme lorraine. Demain est notre ère.

C'est pourquoi nous entrevoyons, au milieu des lourdes, des tragiques menaces que l'évolution du monde fait peser sur le destin lorrain, les lumineuses possibilités de la vraie grandeur, la certitude que se construira une Lorraine nouvelle.

Les jeunes la feront, la Lorraine.

— décembre 1966 —

QUELQUES ELEMENTS DE DOCUMENTATION
ET DE REFLEXION

L A garantie d'emploi est la condition *sine qua non* à toute politique de rationalisation industrielle. Garantie d'emploi = garantie de salaire minimum + facilités diverses favorisant la recherche d'un emploi nouveau. Le gouvernement français l'a compris, comme l'a annoncé M. Marcellin, ministre de l'Industrie, le 25 octobre 1966 :

« Jusqu'ici réservées aux mineurs de fer et de charbon, les aides accordées par la C.E.C.A. (et complétées pour moitié par le Trésor français) seront étendues aux salariés de la sidérurgie dans les cas de licenciement collectif dû à la fermeture définitive d'une usine ou d'un atelier rendue nécessaire par les mesures de rationalisation.

Cette mesure générale s'accompagne d'une série de mesures particulières.

Il s'agit d'abord de faire bénéficier des mesures d'aides les E.T.A.M., c'est-à-dire la maîtrise, qui en étaient jusque-là exclus. Aussi l'indemnité d'attente en cas de chômage qui était jusque-là calculée sur un salaire déplafonné de 1 000 francs par mois sera porté à 3 000 francs.

De même, en cas de reclassement dans un emploi moins rémunéré, la garantie de conserver pendant un an 90 % de la rémunération antérieure plafonnée à 1 200 francs par mois est transformée en une garantie sur 80 % du salaire pour une tranche de 1 200 à 2 000 francs et sur 60 % du salaire antérieur pour une tranche de 2 000 à 3 000 francs. »

L'aide sociale prend un caractère d'aide au progrès personnel des salariés :

« En vue de favoriser les reconversions individuelles, de nouvelles mesures sont prises en faveur des salariés qui suivront un stage de formation professionnelle accélérée.

En plus des avantages actuellement consentis, il a été décidé d'une part que la période de stage, dans la limite de six mois, s'ajoutera à la durée pendant laquelle le salarié

139

bénéficie des indemnités d'attente et différentielle et, d'autre part, qu'une prime d'un montant compris entre 1 000 et 3 000 francs sera accordée au salarié ayant subi avec succès le stage de F.P.A.

Une indemnité de recherche d'emploi est également créée pour faciliter la mobilité de la main-d'œuvre. Celle-ci comprendra le prix du voyage aller-retour en 2ᵉ classe S.N.C.F. entre le lieu de résidence et le lieu de prospection d'un nouvel emploi ainsi que des frais forfaitaires calculés pour une période de deux jours et correspondant à 4 heures de S.M.I.G. par repas et 8 heures de S.M.I.G. pour l'hôtel (12 heures pour deux personnes). Les directeurs départementaux de la main-d'œuvre seront compétents pour l'octroi de cette indemnité.

Enfin, pour les salariés chargés de famille qui se trouveront dans l'impossibilité de réinstaller immédiatement leur famille au nouveau lieu d'emploi, une indemnisation de double résidence sera versée pendant six mois, d'une valeur égale à trois heures de S.M.I.G. par jour. » (Claude Faujas, in les Echos, du 24 octobre 1966.)

Ces avantages — tout à fait justifiés — sont nécessaires si l'on veut transformer la qualité du personnel en même temps que sa qualification.

De tels avantages doivent être étendus à la formation des nouvelles couches. Nous demandons la création de bourses d'études, avec un régime aussi libéral que sévère : largesse financière, sévérité technique. Il s'agit de faire des hommes nouveaux ; nous pourrons les aider, mais nous devons exiger que cette aide aille à des hommes qui la méritent par leur travail, leurs efforts.

∴

La concurrence des ports est pour la Lorraine un danger présent. Voici pourquoi :

« Alors même, en effet, que les paquebots ont atteint leur taille limite et que leur utilisation décline, les dimensions des transporteurs, et pas seulement des pétroliers, ne cessent de croître. La tendance mondiale est, en effet, à l'augmentation des tonnages pour le transport des vracs. Des navires de 200 000 tonnes sont en construction et l'on peut compter dans un proche avenir sur des charbonniers minéraliers de 130 000 tonnes. En sept ans, le porteur de vrac courant est passé de 15 000 à 35 000 tonnes. La multiplication des grands navires permet d'obtenir des taux de fret sensiblement plus bas que naguère. Il est, dans ces conditions, plus économique de transporter une tonne de charbon de New York au Havre que de Thionville au Havre. En cinq ans, le prix du transport à la tonne est passé de $ 7,50 à $ 2,20.

Il conviendra certes que les ports s'équipent pour recevoir de grands navires. Celui du Havre sera susceptible de recevoir progressivement des 165 000 tonnes, des 200 000 tonnes et même, d'ici à cinq ans, dans l'état actuel des travaux, des 300 000 tonnes, si besoin est. »

Pourquoi les ports prennent-ils une extension immense ?

« La vocation industrielle des ports est de date récente. C'est en Belgique et aux Pays-Bas qu'elle s'est tout d'abord affirmée, puis elle a pris corps en France. Les importations massives de pétrole ont entraîné la création de raffineries dans les zones portuaires et les matières premières venant d'outre-mer à des prix inférieurs à ceux des matières premières européennes ont été traitées au point de rupture de charge. « Le navire, selon une formule imagée, entre dans l'usine. »

Le Havre n'a mis en pratique qu'assez tard cette politique d'industrialisation, mais déjà de nombreuses entreprises se sont implantées dans la zone portuaire. A l'industrie du pétrole sont venues s'ajouter celles de la pétrochimie, de la chimie et du bois. Récemment, la Régie Renault installait une importante chaîne de montage. Par ailleurs, une nouvelle centrale thermique est en construction à proximité immédiate du port minéralier qui l'alimentera en charbon.

Située en bordure du bassin « Théophile-Ducrocq prolongé », sur un terrain de 32 ha, cette centrale thermique sera la plus puissante de ce type en France et comportera, en phase terminale, six tranches thermiques : une tranche de 250 MW et cinq tranches de 600 MW, représentant au total 3 250 000 kW. Sa consommation atteindra alors 25 000 tonnes de charbon par jour. Les deux premières tranches actuellement en cours de réalisation auront une puissance globale de l'ordre de 850 MW et entreront en exploitation : la première en 1967, la deuxième en 1968.

Il n'est pas enfin jusqu'à une portion importante de la future zone industrielle qui ne soit réservée à l'implantation éventuelle d'un complexe sidérurgique qu'alimenteraient des navires de 200 000 tonnes. »

141

En reprenant à l'*Usine nouvelle* (octobre 1966) cet exemple précis, nous croyons éclairer le lecteur et le sensibiliser au véritable péril que représente le déplacement de l'activité industrielle vers les côtes. C'est une question de *rupture de charge*, en même temps que de calcul du *taux de fret*.

Tout cela est extrêmement lourd de conséquences lointaines. Ne nous faisons pas trop d'illusions... Quels progrès incessants ne faudra-t-il pas faire pour lutter contre la concurrence des industries portuaires ? Croit-on vraiment que l'ouverture de canaux, même au plus grand gabarit, suffira à compenser les économies que procure « le navire dans l'usine » ?

∴

A titre documentaire, nous empruntons aux *Echos* du 29 septembre 1966 la description des six zones industrielles qui seront aménagées grâce aux prêts de la C.E.C.A. :

« Sur les 75,3 millions de francs que la C.E.C.A. a accordé récemment à la France pour les opérations d'aménagement et de reconversion régionales, la plus grosse partie, soit 44,4 millions, est attribuée à la région lorraine, le reste allant au Nord. 26,5 millions sont affectés à l'aménagement de six zones industrielles (Hauconcourt, Creutzwald, Saint-Avold, Briey, Villers-la-Montagne, Neuves-Maisons), totalisant une superficie de 288 hectares ; 11,5 millions à la construction de 30 000 mètres carrés de bâtiments industriels cédés en location-vente, enfin 6,4 millions à la construction de quatre-vingt logements de cadres. Les trois premières zones sont situées en Moselle, les trois autres en Meurthe-et-Moselle.

HAUCONCOURT (100 ha) :
LA MIEUX DESSERVIE

Cette zone est la mieux située au regard des moyens de communication. En effet, située à moins de dix kilomètres au nord de Metz, elle est bordée par la section de la Moselle canalisée dite « canal des mines de fer de la Moselle » (Camifémo), au gabarit de 1 500 tonnes. Elle se trouve à proximité immédiate de l'autoroute Metz-Thionville avec un échangeur routier à 200 mètres et près de la RN 57 Metz-Thionville. L'ensemble des voies ferrées Metz-Thionville en est distant à vol d'oiseau de 1,5 km de l'autre côté de l'autoroute ; pour la desserte ferroviaire de la zone, deux hypothèses ont été retenues, l'une par le Nord, au prix d'un embranchement privé, l'autre par le Sud, avec le futur embranchement de la grande centrale thermique (deux groupes d'une puissance de 600 000 kWh chacun que l'E.D.F. va édifier à la Maxe, au sud de la zone).

En ce qui concerne le personnel, cette zone est par ailleurs fort bien placée puisqu'elle pourra absorber les effectifs provenant de l'accroissement démographique dans la vallée de la Moselle ou repliés de la vallée sidérurgique et minière de l'Orne située à quelques kilomètres au Nord. Le logement de ce personnel pourra se faire sans difficulté dans la Z.U.P. de Metz-Borny, en cours d'extension, tandis que les cadres s'établiront à Metz même où un grand nombre de logements de moyen et grand standing sont actuellement disponibles.

Les possibilités d'extension géographique de cette zone sont excellentes, puisqu'elle peut s'étendre sur 290 ha, dont 250 à l'est du Camifémo et 40 entre ce canal et l'autoroute.

L'aménagement de cette zone industrielle est prévu en deux tranches : la première de 100 ha, bénéficiaire de l'aide de la C.E.C.A., la seconde de 150 ha complémentaires. Sa réalisation sera assurée par la Société d'équipement du bassin lorrain (S.E.B.L.), le département de la Moselle pouvant accorder sa garantie aux emprunts qui compléteront l'aide de la C.E.C.A.

CREUTZWALD (30 ha) :
DANS LE BASSIN HOUILLER

Elle est située au sud-est de la commune urbaine de Creutzwald (13 600 habitants), à 1,2 km du centre. Bordée à l'est par la RN 3 (Saint-Avold-Sarrelouis) dont l'élargissement est prévu sur le parcours Saint-Avold-Carling, elle l'est également par la voie ferrée à l'ouest.

La localisation de cette zone, au regard des disponibilités en personnel, est bonne puisqu'elle est dans le bassin houiller à 11 km de Saint-Avold qui en est le cœur. L'expansion de cette zone demandera pour les logements ouvriers — où la situation est satisfaisante — le maintien de l'effort actuel, ainsi qu'un effort accru pour les logements de cadres qui pourraient être installés dans la ville voisine de Saint-Avold, par exemple.

Il a été retenu, en première tranche, une fraction de 30 ha. Les possibilités d'extension géographique permettent un développement de 150 ha. L'équipement de cette zone en est déjà largement amorcé puisque la commune a réalisé pour plus de 1,6 million de francs de travaux (voie bordant le nord de la zone, achat de terrains, premiers terrassements). La réalisation de la zone est donc assurée par la commune de Creutzwald, le département de la Moselle pouvant assurer sa garantie.

NEUVES-MAISONS (63 ha) :
AU SUD DE NANCY

Située à Neuves-Maisons, commune urbaine de 6 500 habitants, à 10 kilomètres au sud de Nancy, cette zone industrielle est placée entre le futur chenal de la Moselle canalisée à grand gabarit (travaux engagés avant la fin du V⁰ Plan) et la voie ferrée. La RN 409, longeant la voie ferrée, la borde au nord. A 5 kilomètres entre Neuves-Maisons et Nancy, un échangeur permet l'accès à l'autoroute de contournement qui sera raccordée au cours du V⁰ Plan avec l'autoroute Metz-Nancy.

Cette future zone est donc bien desservie. Par ailleurs, sa localisation est bonne au regard des problèmes du personnel, que celui-ci provienne des mines et usines sidérurgiques proches, ou qu'il vienne de Nancy où il peut habiter.

La zone de Neuves-Maisons sera réalisée en une tranche de 63 hectares.

Un problème cependant : la nécessité de remblayer les sablières et gravières qui ont laissé des vides dans cette zone laquelle, par ailleurs, doit être mise hors crues. Le creusement du chenal de la Moselle canalisée permettra ce remblaiement à peu de frais. Toutefois, les délais d'attente seraient trop longs (fin du V⁰ Plan). Les travaux de creusement seront donc anticipés au moyen d'une aide spéciale de l'Etat.

Le maître d'ouvrage de cette zone sera le district urbain de Neuves-Maisons, le département de la Meurthe-et-Moselle pouvant le garantir.

144

BRIEY (20 ha) :
AU CENTRE DU PLATEAU FERRIFERE

Au centre du plateau ferrifère, à 26 kilomètres au nord-ouest de Metz, à proximité du chef-lieu d'arrondissement de Briey (5 400 habitants) plusieurs emplacements possibles de zones industrielles ont été reconnus. Ils se situent tous au nord de la rivière Orne, autour de Briey et de Jœuf. Celui qui a été retenu est un des plus intéressants au point de vue surface : il se situe en bordure du CD 137, Briey-Homécourt, sur un terrain plat à proximité immédiate de Briey. Son extension pourrait être de 70 ha. On peut en prévoir l'équipement en deux tranches ; la première, de 20 ha, retenue par la C.E.C.A. s'étendra sur un terrain appartenant à la commune.

La localisation de cette zone, au point de vue du personnel est bonne, car elle permettra de fixer dans la région les effectifs dégagés des mines de fer au cours des années à venir.

Un programme de logements de cadres sera nécessaire ; par contre, un programme limité de logements ouvriers sur Briey sera suffisant car les ouvriers dégagés des mines de fer sont actuellement logés, aucun investissement de logement n'étant ainsi à prévoir pour eux.

Cette zone sera réalisée par la ville de Briey, le département de Meurthe-et-Moselle pouvant la garantir.

VILLERS-LA-MONTAGNE (50 ha) :
REMPLOYER LES MINEURS DE FER

Le problème dans cette région était de déterminer un emplacement possible de zone à proximité de Longwy et proche du bassin ferrifère pour permettre deux actions : d'une part, le remploi des mineurs de fer dégagés des bassins de Longwy, de Briey-Nord et de Moselle-Nord ; d'autre part, le développement vers l'aval des activités sidérurgiques de Longwy.

La zone de Villers-la-Montagne répond à ces objectifs. Située en bordure de la RN 52 Thionville-Longwy, elle est en dehors de zones de servitudes minières. La situation au point de vue personnel est très bonne : les logements d'ouvriers pourront se faire soit dans la Z.U.P. de Mont-Saint-Martin (Longwy), soit sur place pour les mineurs

145

reclassés ; un programme de logements de cadres est nécessaire, soit à Longwy, soit à Thionville.

La desserte de cette zone par la RN 52 est satisfaisante, le problème posé étant l'amélioration des points noirs actuels vers Thionville (principalement traversée de Sérémange à Knutange dans la vallée de la Fensch).

A cet égard, une amélioration sensible est attendue des travaux du V° Plan par la poursuite — toutefois à un rythme que la C.O.D.E.R. a jugé insuffisant — de la liaison autoroutière Metz-Longwy, vers Hayange, l'engagement de tronçons de la voie express Knutange-Longwy et l'amélioration du CD 14 Hayange-Thionville, permettant d'éviter la vallée de la Fensch.

Dans une première phase, l'équipement portera sur une tranche de 50 ha. Un complément ultérieur de 90 ha, portant la superficie à 140 ha, est possible. Il n'est pas prévu d'embranchement ferré pour la première ni pour la deuxième tranche. Les terrains appartiennent à la commune de Villers-la-Montagne.

Le maître de l'ouvrage sera le Syndicat mixte Département-Chambre de commerce pour la réalisation des zones industrielles de Meurthe-et-Moselle. Le département de Meurthe-et-Moselle pourrait le garantir.

SAINT-AVOLD (25 ha) :
EXCELLENTES DISPONIBILITES EN PERSONNEL

Cette zone est située à proximité de Saint-Avold (1,5 km au sud), commune urbaine de 15 300 habitants, chef-lieu de canton du bassin houiller. Sa localisation au regard des disponibilités en personnel est donc très bonne. Elle est bordée au sud par la voie ferrée Metz-Sarrebruck, et située dans l'angle sud-ouest des routes CD 20 Saint-Avold-Faulquemont et CD 22 Saint-Avold-Dieuze.

En ce qui concerne le logement, les disponibilités locales sont très favorables dans un lotissement proche (le Venheck). Il sera probablement nécessaire, toutefois, de construire des logements de cadres.

Il est, par ailleurs, à souligner que cette zone se situe à 4 km au sud de l'autoroute Metz-Sarrebruck à construire pendant le V° Plan et à proximité de l'échangeur routier de Saint-Avold.

146

D ANS *Les Echos* du 29 septembre 1966, on pouvait lire
cette édifiante comparaison entre Sarrebruck et
Metz :

« Sarrebruck n'est pas seulement un actif centre commercial, mais aussi un grand centre industriel.

En 1961, la ville de Sarrebruck participait pour 27 %
au produit brut de toute la Sarre alors que sa population
ne formait que 11,5 % de la population sarroise. L'industrie
intervient pour 45,2 %, les services pour 54,8 % (dont 28,3 %
pour le commerce et les transports et communications et
26,5 % pour les autres services).

Avec un revenu social brut de 11 570 DM par habitant,
la ville se classe première de toutes les villes allemandes
de plus de 100 000 habitants ; elle est suivie par Francfort
avec 11 460 DM, Stuttgart 11 240 DM.

Si Sarrebruck comptait 130 000 habitants en 1961, par
contre la population qui y travaillait s'élevait à 105 323 personnes, dont 50,7 % de migrants quotidiens.

Sarrebruck comptait 197 entreprises industrielles en 1958
avec un total de 25 000 salariés. A titre de comparaison,
l'agglomération messine (142 000 habitants) comptait en 1962
seulement 20 660 ouvriers, dont 17 160 actifs dans l'industrie.
Or, en 1962, les 172 entreprises industrielles de Sarrebruck
employant plus de 10 salariés totalisaient 30 170 personnes
actives ; avec le bâtiment, la population active industrielle
employée en ville s'élevait à 44 000 personnes. Mais aux
établissements industriels, il conviendrait d'ajouter les entreprises artisanales dont le statut allemand est différent de
celui de leurs homologues françaises. En effet, bon nombre
de ces entreprises seraient classées en France comme établissements industriels.

En comparaison, l'agglomération messine présente une
faible industrialisation. Selon l'I.N.S.E.E., en 1962, les industries de l'agglomération messine totalisaient, sans le bâtiment, 17,5 % de la main-d'œuvre totale, soit 9 660 personnes.

En 1962, l'agglomération messine (plus peuplée que la
ville de Sarrebruck) comptait environ un millier d'établissements industriels dont beaucoup relevaient plutôt du

147

secteur artisanal (réparations d'automobiles, réparations électriques, etc.). La moyenne de salariés par établissement industriel s'élevait à 17 personnes contre 134 pour la ville de Sarrebruck. Aucune entreprise de l'agglomération messine n'atteint 1 000 salariés, alors qu'à Sarrebruck, 6 entreprises dépassent ce chiffre, la plus importante (usine sidérurgique) comptant 7 000 salariés.

On estime que le chiffre d'affaires des industries messines se situe aux alentours de 370 millions de francs alors qu'il dépasse les 1 000 millions de francs pour la seule ville de Sarrebruck. »

.˙.

L E pessimisme est-il très justifié ? du moins dans l'immédiat. Versons au dossier la déclaration d'un des principaux responsables de la sidérurgie. Nous l'avons recueillie dans *Les Echos* (18 octobre 1966) :

« La poussée des minerais riches et la faveur grandissante pour l'acier à l'oxygène ont conduit les observateurs à formuler quelque scepticisme sur l'avenir de la sidérurgie lorraine assise sur le minerai pauvre et la fonte Thomas. M. Louis Dherse, président de la Sollac, pense au contraire que, par son effort d'adaptation technique, la sidérurgie lorraine peut maintenant envisager avec confiance l'avenir.

Certains avaient pu se demander si la minette restait la raison d'être de la sidérurgie lorraine.

On peut affirmer, après l'avoir démontré par l'usage, que le minerai lorrain et la fonte Thomas qui en résulte, convenablement affinée, permettent d'obtenir toutes les sortes et toutes les nuances de métal que les minerais riches et purs procurent. Sollac, dont le métier est de produire un métal extra-doux, aussi ductile que possible, pour les tôles comme pour le fer-blanc, en voit la preuve dans la satisfaction de sa clientèle.

Il faut mentionner également le renouveau du procédé Thomas ; la facilité que lui procure la violence de sa réaction a permis à des esprits incomplètement informés de l'opposer à la lenteur précise de l'affinage au four Martin. Tout cela est révolu. Les aciéries Thomas soufflées à l'air suroxygéné rivalisent de succès dans les résultats de l'affinage. Leurs produits sont souvent comparables à ceux qui n'étaient autrefois obtenus qu'au four Martin. Maintenant, par affinage à l'oxygène pur, on obtient des aciers identiques à ceux qu'on peut produire à partir de fontes hématites.

M. Dherse, président de Sollac, a déclaré ensuite qu'une convention avec Usinor évitera toute construction prématurée du deuxième train à bandes à chaud de Sollac et toute construction prématurée du futur train à bandes à froid d'Usinor. Entre-temps, ces deux sociétés se porteront l'appui mutuel leur permettant d'arriver, aussi rapidement que la clientèle le permettra, à la saturation de l'usine de Dunkerque et à la saturation de l'usine de Florange. »

⁂

L'ATTITUDE constructive, c'est-à-dire la volonté de répondre à la difficulté par le progrès, est celle des vrais industriels lorrains. Comment ne pas citer les paroles de M. de Gunzbourg, président directeur général des Aciéries de Pompey (en mars 1966) ?

« Si, depuis plus d'un demi-siècle, notre province a bénéficié du double avantage naturel constitué par son minerai de fer et par le charbon européen, cet avantage a pratiquement disparu aujourd'hui et s'est même transformé en une charge. En effet, la baisse des prix de vente et de transport des minerais riches d'outre-mer et des combustibles étrangers, notamment américains, permettent aux usines sidérurgiques de nombreux pays concurrents de se procurer des matières premières à des conditions bien plus avantageuses que les nôtres.

« De plus, les dettes contractées par notre industrie pour compenser le blocage des prix à des niveaux insuffisants pendant dix-sept années consécutives, entraînent des charges financières qui étaient peut-être supportables en période d'inflation, mais qui ne le sont sûrement plus en période de stabilité monétaire, ce qui rend nos résultats tout à fait insuffisants.

« Je suis néanmoins certain que notre industrie parviendra à survivre, grâce d'abord au travail des Lorrains, et grâce aussi aux dispositions que le gouvernement devra prendre, à moins de laisser dépérir la sidérurgie de cette région française, dont les activités sont si nécessaires à l'équilibre économique et social du pays.

« Dans ce contexte, quelle est la position et quel est l'avenir de Pompey ?

« C'est maintenant une usine pratiquement neuve et ses techniques sont presque toutes des techniques de pointe. Les nouveaux équipements doivent permettre de produire à effectif égal et dans des conditions de travail meilleures, 400 000 tonnes par an d'aciers spéciaux, au lieu de 285 000 tonnes, soit un accroissement de la productivité de 40 %.

« En 1965, Pompey a produit 334 000 tonnes-lingots, ce qui représente 17 % de plus qu'en 1964. Pour atteindre les 400 000 tonnes, il reste encore à faire un progrès de 13 %. Ce seront les plus durs à réaliser, mais je suis certain que vous saurez y parvenir. Alors, l'usine de Pompey — si les Pouvoirs publics la placent dans des conditions normales au point de vue des charges financières et du prix de l'énergie — sera parfaitement compétitive en face des plus puissantes usines européennes d'aciers spéciaux. Elle ne craindra personne, car sa dimension, sa productivité et ses techniques seront du niveau international. L'emploi sera assuré à son personnel pour longtemps encore, et cela d'autant plus que la construction de Lorforge et de l'usine de Pré-à-Varois a permis de créer douze cents emplois nouveaux. »

∴

'APPEL aux capitaux étrangers pour édifier la nouvelle Lorraine soulève des objections, cela est évident.

1° Si les maîtres sont étrangers (maîtres = investisseurs), peut-on penser qu'ils auront une politique inspirée par l'intérêt de la Lorraine, de la France et même de l'Europe ?

2° Il est impensable que des étrangers fondent en Lorraine des industries *créatrices*, *auto-céphales*. Les étrangers ne peuvent pas offrir à la Lorraine autre chose que des filiales.

Autrement dit, c'est naïveté que de compter réaliser un « plan lorrain » avec le concours de capitaux étrangers : leur introduction équivaudrait en fait à « coloniser » la Lorraine.

A quoi nous répondrons en rappelant que nous avons d'abord le devoir de traduire dans les faits la notion un peu trop théorique de l'*européanité* de la Lorraine. Dire qu'elle est le « couarail » de l'Europe, qu'elle peut devenir le « centre agissant de l'Europe occidentale », est-ce simplement une clause de style ? un slogan de réunion électorale ?

Nous ne savons pas s'il est possible d'attirer en Lorraine des capitaux de tous les pays pour créer des industries *originales*, mais nous disons que cela est souhaitable. L'évolution probable du Marché commun résoudra les difficultés fiscales et monétaires : ce ne sont que des obstacles formels. La libre circulation des capitaux a pour corollaire la libre implantation des entreprises qui, perdant l'étiquette plus ou moins nationale des investisseurs, doivent devenir des entreprises européennes. Si les capitaux ont intérêt à se fixer, à se nidifier en Lorraine, nous croyons qu'ils peuvent devenir lorrains sans pour autant ne pas rester des capitaux européens.

La naturalisation lorraine des capitaux sera prouvée par la *qualité* des industries. C'est le nœud du problème.

151

La puissance publique dispose des moyens d'encourager ou de décourager les implantations industrielles. Le gouvernement français est juge de l'intérêt que peuvent présenter les projets d'implantation. Nous pensons qu'il peut accorder des avantages spéciaux aux industries de pointe, les leur réserver. Et qu'il a le droit de poser des conditions et de les faire respecter. Aux industries de pointe, avantages de pointe.

Si l'on estime nécessaire de veiller à l'application des traités, l'arsenal des lois (qu'il est encore possible d'enrichir) permet beaucoup de combinaisons. Mais le problème n'est pas aujourd'hui de contrôler. Il est d'attirer, non point d'ouvrir la Lorraine à n'importe qui pour faire n'importe quoi, mais d'*attirer le progrès*. Ensuite on exigera que le progrès reste lorrain.

Dans l'Europe de demain, il ne sera peut-être plus possible de canaliser et de filtrer les investissements. Actuellement il est encore temps de « choisir » ceux qui pourront créer *du nouveau*. Pour la Lorraine de demain, le gouvernement doit répondre en somme à deux questions qui résument tout : quoi ? par qui ?

Avant de répondre aux questions, il faut commencer par les poser.

Tel est l'un des points du « plan lorrain », non l'un des moindres.

Mais il y a tout le reste aussi.

L'auteur exprime sa profonde gratitude aux personnalités qui, à des titres divers, lui ont fourni une documentation ou lui ont permis de comprendre le problème lorrain. Il remercie particulièrement MM. Serge Dexpert, P. Drouart, Roger Vidart ainsi que MM. André Haëm et B. Henriroux, dont le concours lui a été très précieux.

Il a fait de très larges emprunts à diverses publications : le *Républicain lorrain*, l'*Est Républicain*, Actualités industrielles lorraines, Journées régionales du Commerce extérieur (Nancy-Épinal, 1965), *Usine nouvelle*, l'*Information*, Agence économique et financière, les *Échos*, la *Nation*, *Financial Times*, *Le Monde*, etc.

Imprimerie Mont-Louis P. R. · Clermont-Ferrand
Dépôt légal : Imprimeur n° 275 - Éditeur n° 418

www.ingramcontent.com/pod-product-compliance
Lightning Source LLC
Chambersburg PA
CBHW050025100426
42739CB00011B/2796